國際禮儀

空姐教你如何塑造觀光餐旅的專業形象

International Etiquette: A Guidance of
Professional Image in Hospitality Industry

彭瑞芝 / 著

序

　　從航空領域轉入學術界並取得碩、博士學位，在中部兩所卓越大學授課多年，一所是讓大學校長都佩服的私立逢甲大學，其辦學績優受到企業及家長肯定。另一所是台中首屈一指的高等教育學府——國立中興大學，她為台灣孕育了許多頂尖優秀的人才。在國際禮儀領域教學超過十年，最幸運的是這兩所學校對國際禮儀課程相當重視，認為是培養學生未來十年的軟實力，並給予充分的授權與支持，讓筆者在國際禮儀課程上可以不斷的精進與創新。除了學校教學，筆者在政府、企業與民間社團授課時，屢屢感受學習國際禮儀的需求面與接受度，因為台灣的國際化腳步，讓國際禮儀成為日常生活的一部分、增進人際關係的必須。

　　國際禮儀（international etiquette）是什麼？國際禮儀課程在上什麼？筆者認為國際禮儀課程是代替我們行萬里路、讀萬卷書，將國際上有關食、衣、住、行、育、樂，以及商務、外交應對的狀況都納入整合，完整學習的一門知識。以往想要懂國際禮儀需透過各種國際接觸與學習，許多時候嘗試錯誤或甚至透過出糗來換得經驗。以前我們常說的「When in Rome, do as the Romans do」也就是「入境隨俗」，如果一直以自身的經驗去評論別人文化的長短，或是表達自身的喜惡，那就會與當地格格不入，無法享受置身異國風俗文化的樂趣，因為不同國家的禮儀可能正好是相反的，例如歐美國家大都尊崇女性「Lady First」，講究紳士風度，被CNN評選為全世界最有禮貌的國家——日本卻不一樣，在社會的理解與教導上日本女性通常是服務男性的一方。瞭解、尊重並接納觀點的不同是國際禮儀最重要的一環。

　　那麼懂國際禮儀是否就有「國際觀」了呢？所謂「國際觀」就是對國際情勢有敏感度，也就是對自己國家以外的地方感興趣，並且有能力瞭解。筆者認為有國際觀的人最重要的是接受不同國家的禮貌和「不禮

貌」，也就是對多元文化有適應能力（adaptability）和尊重不同（respect the difference），乃至欣賞其中差異，從而輕鬆自在的融入。國際談判大師劉必榮博士曾說「國際觀，決定你的世界有多大」。學習國際禮儀，瞭解了世界各國的禮儀及異同，還需要從對方文化的角度去接受去理解才是真正有國際觀，而「尊重」與「理解」正是國際禮儀的核心價值。

這十年來台灣各級學校積極發展國際化，國際禮儀課程漸漸受到重視，回想大學畢業時因緣際會在美國華府參加正式晚宴，與多國外交官共進晚餐，面對眼前琳琅滿目的餐具，心情忐忑深怕犯錯鬧了笑話。當時的時空背景，沒有餐旅相關科系，國際禮儀亦非升學科目，沒有應有的禮儀薰陶便出了社會，只能靠著嘗試錯誤去學習及累積經驗。這幾年餐旅科系熱門，各大專院校也在通識中心增設國際禮儀課，再加上自2007年推出的教育部國際禮儀證照推波助瀾，國際禮儀這門生活藝術科目漸受重視，各級學校教師乃至各社團秘書，或是活動負責幹部基於業務需要，來接受筆者的國際禮儀教師培訓課，其中遠自花蓮偏鄉來的國中主任，不辭路途遙遠翻山越嶺來上課，讓筆者深受感動，因而在心中埋下出版國際禮儀教科書的念頭，希望有助於在學校推動國際禮儀教學的老師們，能夠有本好用的工具書在手；讓想要提升生活品味及學習國際禮儀需求的人，有便利的書可參考。

回想教學「國際禮儀」這門科目之初，閱讀過市面上國際禮儀專書，有外交官和餐旅領域教師所寫，有導遊領隊所撰，也有出自模特兒或是美容專家之手，本書以個人二、三十年國際航空工作經驗為基底，餐旅科系畢業等相關背景，再加上於大學、企業及社團演講累積的經驗，整理出自己的教學方式，經過改革去蕪存菁，彙整集結成為本書。但國際禮儀的範圍很廣，每一個單元都是一門專業，都值得更進一步深究探討，惟篇幅所限往往只能點到為止，內容的撰寫參考許多資料，包含學術期刊、相關書籍及網路文章，希望盡量能符合時事，然國際禮儀是門「與時俱進」「日新月異」的科目，祈請學術先進前輩不吝賜教與指正。

這本書獻給一路幫助我的前輩、師長與好友，感謝您們的鼓勵讓我持續成長。感謝家人作為我永遠的後盾。撰寫本書承蒙外交領域及服務業先進前輩的指教。特別感謝逢甲大學與中興大學長官與教職員一路給我的呵護和支持，讓這門國際禮儀課（International Etiquette and Professional Image）從一開始只開中文課，到加開英文課，再到開網路英文課。值此書出版之際，諸多感謝銘記在心。

彭瑞芝 謹識
2022/03/01

目　錄

序　　　　　　　　　　　　　　　　　　　　　　　　　　　　　　　i

Part 1 國際禮儀導論　　　　　　　　　　　　　　　　　　　1

Chapter 1　國際禮儀是什麼？　　　　　　　　　　　　　3

　　　　第一節　國際禮儀的定義與類別　　　　　　　4
　　　　第二節　國際禮儀的起源與歷史　　　　　　　8

Chapter 2　學習國際禮儀的意義　　　　　　　　　　13

　　　　第一節　為何學國際禮儀　　　　　　　　　14
　　　　第二節　各國禮儀的差異　　　　　　　　　17
　　　　第三節　國際禮儀的趨勢　　　　　　　　　23

Part 2 餐飲禮儀　　　　　　　　　　　　　　　　　　　　29

Chapter 3　餐飲禮儀的內涵　　　　　　　　　　　　31

　　　　第一節　異國餐飲的形成因素　　　　　　　32
　　　　第二節　各式餐飲的類型　　　　　　　　　41

Chapter 4　美好的餐飲饗宴　　　51

第一節　中式餐飲禮節與擺設　　52
第二節　日式餐飲禮節與擺設　　59
第三節　西式餐飲禮節與擺設　　63
第四節　餐飲座位安排　　　　　71

Chapter 5　飛機上的餐飲　　　　81

第一節　機艙餐飲的歷史　　　　83
第二節　機艙餐飲服務　　　　　89
第三節　機艙餐飲禮儀　　　　　96

Chapter 6　宗教類型與餐飲禮儀　　107

第一節　基督教　　　　　　　　109
第二節　伊斯蘭教　　　　　　　114
第三節　印度教　　　　　　　　119
第四節　佛教　　　　　　　　　123

Part 3　餐酒禮儀與文化　　　　　127

Chapter 7　餐桌上的餐酒風景　　　133

第一節　餐酒的種類　　　　　　137
第二節　異國餐酒文化　　　　　142
第三節　米其林指南的評級制度　146

Chapter 8　葡萄酒的藝術　151

　　第一節　葡萄酒入門知識　152
　　第二節　葡萄酒的品種與釀造　168

Chapter 9　葡萄酒品飲　177

　　第一節　葡萄酒器具　178
　　第二節　葡萄酒品飲　188

Part 4　交通禮儀　201

Chapter 10　乘坐交通工具禮儀　203

　　第一節　乘坐汽車禮儀　204
　　第二節　新型態交通工具禮儀　208
　　第三節　旅遊交通禮儀　213

Chapter 11　搭乘飛機的禮儀　223

　　第一節　搭乘飛機的流程　225
　　第二節　搭乘飛機的禮儀　230

Chapter 12　航空從業人員禮儀與養成　241

　　第一節　在學時期的準備　243
　　第二節　航空面試應對　264

Part 5 住宿禮儀 273

Chapter 13　住宿禮儀 275

　　第一節　國際旅館 277
　　第二節　日式飯店 284
　　第三節　民宿、小木屋 286
　　第四節　新型態旅館Airbnb 287

Chapter 14　飯店服務人員的基本素養與禮儀 291

　　第一節　飯店服務人員的基本素養 292
　　第二節　各國旅客類型與接待禮儀 307

Part 1
國際禮儀導論
Etiquette Introduction

　　日常生活隨處存在「禮儀」，我們習以為常的方式也可能是「國際禮儀」的一部分，試著回想到餐廳享用自助餐，以順時針方向繞著餐檯取餐，正是禮儀的一部分，這樣的取餐方式不僅在台灣也適用於許多國家，這便是「國際禮儀」。我們常說中國是以禮相傳的國家，在中國最早與禮儀有關的著作《禮記》乃西漢戴聖對秦漢以前禮儀著作加以輯錄，編纂而成。中國周朝的教育體系有「禮樂射御書數」六藝，是中國古代儒家要求學生掌握的六種基本才能，也是中國古代高等教育的學科總稱，其中「禮」便位居第一位，可見中國身為禮儀之邦對「禮」的學習與養成的重視程度。現代由於旅遊交通更為便利，科技一日千里，我們與外國人互動更加頻繁便利，不需遠出國門，甚至只需透過視訊，便輕易打破國際藩籬。因此瞭解國際禮儀更為重要，這樣我們在與不同國家、不同文化的人相處時，更能進退知禮，在人際關係相處翩翩有禮，讓自己成為受歡迎的「國際人」。

中國禮記

資料來源：典藏台灣

孔子六藝

資料來源：網路圖片

Chapter

1

國際禮儀是什麼？

第一節　國際禮儀的定義與類別

第二節　國際禮儀的起源與歷史

　　國際禮儀的「國際」指的是全世界不同國家、文化或部落之間，「禮儀」指的是人們相互往來互敬的方式。全世界因為政治商務的往來而逐漸形成「通用」禮儀，但仍有各國「自樹一格」的禮儀，這些禮儀在該國經由傳統禮俗、習慣與經驗逐漸演化並保留。因此國際禮儀除了通用之外，也不排除這些地方區域自有的禮俗儀節。我們常說「以客為尊」，但在國際禮儀上應做到的卻是「客隨主便」，因為國際禮儀的主要涵義是以「主人」為中心、為依歸，是以主人去考量的方式，也就是除了禮儀通用的部分之外，無論到哪一個國家，便以「隸屬於該主人所在國家、地區、民族或跨越區域之約定俗成的生活禮俗與儀式」行之，便是國際禮儀。

第一節　國際禮儀的定義與類別

　　「禮儀」（etiquette）與「國際禮儀」（international etiquette）的定義與內涵是什麼？包含哪些相關字詞及類別，分別代表什麼意義？

一、國際禮儀的定義

(一)「禮儀」的定義

　　在中國，「禮」原來有敬神之意，「禮」的古字寫成豊，就是禮器上面放著兩串貴重的玉，而旁邊的「示」表示祭桌，因此禮代表著「敬神」及其規則與儀式。《禮記・曲禮上》提到禮尚往來，「往而不來，非禮也；來而不往，亦非禮也」。「禮」是天長地久、日積月累留下來的，「趨吉避凶」是人之常情，也就是要互相尊重，因此學「禮」可以免禍，敬人就是敬己。「儀」的古字，左邊的「人」字邊代表著一個人側身站立，右邊是權杖、司禮之意。儀的意思是人的容貌舉止，如：「威

礼（禮）॥

禮的古字

儀的古字

会意字。从人（亻），篆书形体像侧身站立的人，表示人的
容貌、举止；从义（义），义有自己的仪容一义；义（yì）兼表
声。儀简化为仪。本义是人的容貌、举止。
①容貌、举止：~表｜~容｜威~。②礼节；仪式：~仗｜
礼~｜司~。③礼物：贺~｜谢~。④仪器：地球~。
~礼　~器　~式　~态　奠~　简~　土~　心~

儀　儀　儀　仪

儀」、「儀容」、「儀表堂堂」、「儀態萬千」，以及有一定規矩、程序
的禮節。

在西方，《韋伯字典》將etiquette（禮儀）定義為「在社會關係、
職場或正式場合中，按照常規可被接受的或必需的形式、儀禮或儀
式」。禮儀是一種社交美學，它是一種展示（display）或者與人互動
（engagement）的藝術。

禮儀是一種展示或者與人互動的藝術

資料來源：https://www.independent.co.uk/voices/comment/
a-short-history-of-modern-manners-8458730.html

(二)「國際禮儀」的定義

　　國際禮儀是所有禮儀的總稱，包含不同國家之間互動所需的禮儀，當然也含括個別國家的獨特性。外國人到台灣需要尊重台灣的文化與習俗，我們到其他國家不管是旅遊、拜訪、洽公時也一樣，需要先瞭解當地的習慣與風土民情，避免冒犯別人或讓自己陷入尷尬的窘境，也就是所謂的「When in Rome, do as the Romans do」（到羅馬就做個羅馬人）。中華民國外交部將「國際禮儀」定義為：國際社會人們日常生活及相互往來所通用的規範。此種規範乃是多年來根據西方文明國家的傳統禮俗、習尚與經驗逐漸演化而成。惟國際禮儀並不排除地區傳統儀節的存在。

二、禮儀的類別

　　與國際禮儀相關字詞很多，包含etiquette、protocol、codes of conduct等，以下做說明：

1. etiquette（禮儀）：是禮儀的總稱，並且在國際上廣為使用。etiquette是人與人互動時禮尚往來、以禮相待的規則，例如社交禮儀中為長輩或女士開門、接待訪客的迎賓之禮等，都是禮儀的一部分。

2. protocol（禮儀）：在國際禮儀上這個名詞亦被廣泛使用著，聚焦在個人、國家、組織或是生意往來上的儀節，而非聚焦於「社會地位」，例如外交部禮賓司（Ministry of Foreign Affairs, Department of Protocol）。

3. ceremony（典禮）：正式或公開的場合，慶祝特殊事件（event）、成就（achievement）或紀念日（anniversary），例如：wedding ceremony（婚禮）、graduation ceremony/commencement ceremony（畢業典禮）、inauguration ceremony（就職大典）。

4. formality（形式）：符合「正式」或「傳統」上的規定，若符合則為正式（formal），不符合則為不正式（informal），參加宴會時通常會有穿著的規定，例如須穿正式服裝（formal attire/ business attire）。

5. procedure（程序）：在formality底下有許多程序procedure，程序意指一系列的動作被以一定的方式或先後順序執行，我們最常聽見SOP（Standard Operation Procedure）。

6. manner（禮節）：manner是在家裡或所在的環境場合所學習的一種好的行為，例如餐桌上進食時應注意嘴巴有食物時不宜交談。manner較為具體，例如餐桌禮節（table manner）、商業禮節（executive manner）、運動禮節（court manner）。

7. courtesy（禮貌）：courtesy是指一種你應該知道不需要被提醒的好行為，例如禮讓電梯及禮讓座位的行為。博愛座稱為（courtesy seating/ priority seating）。相較manner，courtesy比較抽象，是你願意為別人多走一哩路、多用心一些、多做一點事情（You are willing to do one step further）。

8. codes of conduct（行為準則）：行為準則是基本遵循原則，可以依場合情境去制定所需遵守的行為規定，例如公司規定、學校規定或是生活公約等。

9. custom（習俗）：傳統上在特定的地方、特定時間被廣為接受或重複的行為和方式，例如在台灣的三月瘋媽祖、端午節划龍舟吃粽子等。

10. politeness（有禮貌）：社會上可被接受的一種以尊敬對人並處處考量他人的行為，例如送禮時的禮尚往來、彼此互敬互重等。

禮儀的類別

禮儀 Etiquette	禮儀Protocol：外交部禮賓司The Protocol Department of Foreign Affairs
	典禮Ceremony：婚禮 Wedding Ceremony、就職大典Inaguration Ceremony
	形式Formality：符合形式的稱為正式Formal，不符合則為不正式Informal
	程序Procedure：標準作業流程Standard Operation Procedure （SOP）
	禮節Manner：餐桌禮節Table Manner、商務禮節Executive Manner
	禮貌Courtesy：博愛座Courtesy Seating
	行為準則Codes of Conduct：校規The School Codes of Conduct
	習俗Custom：特定族群的傳統行為A Traditional Behavior of Certain Group of People
	有禮貌Ploiteness：以禮相待，禮尚往來

禮貌的相反是什麼？

粗暴、不禮貌、不尊重、無禮

資料來源：Thesaurus.plus

第二節　國際禮儀的起源與歷史

一、禮儀的起源

　　在西方，禮儀從西元前十二世紀起源發展到西元十六世紀大致成形，禮儀的起源緣於社會階級（hierarchy）的差距。古埃及帝國的階級

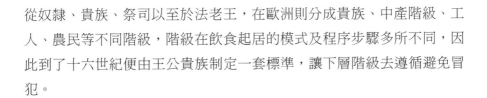

從奴隸、貴族、祭司以至於法老王，在歐洲則分成貴族、中產階級、工人、農民等不同階級，階級在飲食起居的模式及程序步驟多所不同，因此到了十六世紀便由王公貴族制定一套標準，讓下層階級去遵循避免冒犯。

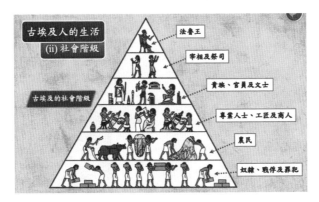

埃及階級分別

在東方，禮儀的起源早在兩千多年前可見。子曰：「食不言，寢不語」，意即吃飯時不交談，就寢時不說話，便是一種禮儀的體現。中國古代階級從婢女侍從、庶人、士大夫、諸侯乃至天子，階級不同連吃飯也有規定，在秦漢以前中國平民一天只吃兩餐，西漢時按照禮儀，黃帝一天可以吃四餐，諸侯一天可以吃三餐，平民一天只能吃兩餐，到了隋唐時期「午食」的概念才逐漸形成，可見階級分別。

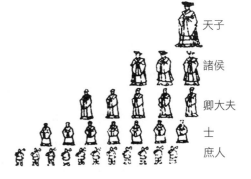

中國階級區分

二、國際禮儀的歷史發展

有關「禮儀」於歐洲的歷史起源與發展如下：

1. 西元前十二世紀：埃及王國時期的莎草紙文獻 *Prisse Papyrus*，它是由法國學者在底比斯發現的文獻，現收藏於巴黎的法國國家圖書館，該文獻的最後兩頁是有關於行為道德的格言和訓誡。

2. 西元前三世紀：當時的埃及丞相Ptah-Hotep所寫的 *Maxims of Ptah-Hotep*，是早期埃及的禮儀教義，用來指導年輕人正確的行為和禮儀。

3. 西元1419-1467：菲利普三世（勃根地公爵），生活極為奢華，他曾在卡片上制定皇室居家生活公約，使貼身侍從能清楚明白並遵循。

4. 西元1469-1536：文藝復興時期瑞典的思想家和神學家伊拉斯謨（Desiderius Erasmus Roterodamus），他的著作《論兒童教養》（*On Civility*

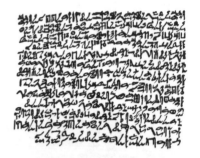

埃及王國時期的莎草紙文獻

Ptah-Hotep

菲利普三世

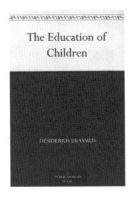

《論兒童教養》　　　　　伊拉斯謨

in Children），是第一本專門的兒童行為書，後翻譯成不同語言版本，但隨著時間的推演，今日許多內容已不適用。

5.十六世紀：法國首先使用「Etiquette」這個字，在法王路易十六（1638-1715）時期，禮貌與行為的規則已非常普遍，法國法院對世襲的貴族們訂定詳盡的禮儀規範，甚至包含如何使用口布（linen）。

6.十七世紀：1663年倫敦出了一本有關女士及餐桌禮儀的書*The Accomplished Ladies' Rich Closet of Rarities*。

隨著西方禮儀的演變可以看出「禮儀」隨著時代與歷史背景的演化而改變。事實上，禮儀就是一種「文明化的過程」（civilizing process），它會隨著政治、經濟、社會文化甚至是人類健康文明的發展而改變。

女士禮儀書籍

課堂活動設計

　　本章節目的在於激盪出學習國際禮儀的興趣與期待，想一想日常生活當中有哪一些是國際禮儀？試試看是否可以將它分類？

1. 請同學提出對於學習國際禮儀的期望與目的。
2. 請同學提出自己對國際禮儀的相關疑問。
3. 請同學試著討論日常生活所碰到的相關禮儀，並試著做分類。

延伸閱讀

Etiquipedia，禮儀百科，https://etiquipedia.blogspot.com

中華民國外交部禮賓處，https://www.mofa.gov.tw/Organization.aspx?n=60&sms=85#hash28

外交部，有禮走天下，https://www.mofa.gov.tw/Upload/WebArchive/314/國際禮儀手冊

國家教育研究院雙語詞彙，禮記，https://terms.naer.edu.tw/detail/1315098/

華廈訓評國際禮儀接待員乙級證照參考資料

Chapter

2

學習國際禮儀的意義

第一節　為何學國際禮儀

第二節　各國禮儀的差異

第三節　國際禮儀的趨勢

人，為什麼要學禮儀？試想，在日常生活與人互動中，如果沒有禮儀規範，將會使人感到手足無措，甚至失禮或鬧出笑話。有了各式禮儀，我們便能把握與人交往的尺度用來待人接物恰到好處。舉例來說，用餐時大家全站在餐桌前不知道誰該先坐，或該坐哪個位子，這樣連基本生活都會變得困擾混亂。所以禮儀是門生活的學問，貼近日常生活的知識。而學習國際禮儀可以讓我們與外國友人互動時互敬互重，讓自己變得文明，尤其現在因為搭機旅遊的便利性，國際間交流日趨頻繁與緊密，不必出國便很容易碰到外國人，若具備國際禮儀的知識，在互動時不但可以形塑自己變得高雅得體充滿魅力，與外國友人的應對互動上也能展現國家的素養，因此人人都應學好國際禮儀，讓自己變得大方也能做好國民外交。

第一節　為何學國際禮儀

學習國際禮儀有許多好處，是待人接物的基本，中華民族自古以來就是一個文明禮儀之邦，特別講究禮儀禮節，古人甚且說禮儀可以趨吉避凶，人際溝通以禮相待可以平靜和氣、互敬互重，避免衝突；然而禮儀並不是天生具備，需要後天學習，外交部禮賓司就是這樣專責國際應對互動事務的部門，國家元首及部會首長出訪，會依所拜訪的國家先瞭解其文化的喜好與禁忌，包含選擇見面禮都得要謹慎小心，以免外交目的達不成反而引起嫌隙就適得其反了。

一、知己知彼，無往不利

國際禮儀就像是一本「旅遊護照」，要發展國際社交必須先具備國際禮儀知識，「知己知彼」成功地融入當地社會，瞭解個中規則，不管是交友、商務洽公、外交往來都能無往不利。

多元文化

二、禮儀非與生俱來,需後天學習

我們在自己的國家及城市生活著,對於許多事情非常熟悉是因為我們在所處環境與學校教育當中不斷學習,例如基本的中式餐桌禮儀、中國社會人際互動尺寸的拿捏。然而當我們到不同的國家時就需要預先學習,以吃飯來說,中國人從小被教導必須端坐拿起碗筷吃飯,而在韓國同樣的做法卻是錯誤的,會被提醒制止,這文化的背景是因為韓國的碗筷材質是金屬、不鏽鋼,容易導熱,因此裝了熱飯菜不方便端著,其次是韓國人認為端著飯碗吃飯,是只有乞丐才會這麼做,因為在街上流浪沒有飯桌好好吃飯。這些文化差異都需要靠學習,才能理解並順應當地的民情習慣。

三、多元的禮儀,且與時俱進

所謂的文化休克(culture shock)是指到不同國家時體驗到相異之

處，有時甚至讓人瞠目結舌難以置信。以手勢來說，我們習以為常會比出OK的手勢，在巴西可能是不文雅的；而拍照時比出勝利的「V」手勢，如果以手背來呈現的話在英國就會是冒犯的意思。現今社會多元，以前的男尊女卑在現今也已不適用，部分禮儀會因時空的變化與時俱進有所改變，因此應該持續的學習國際禮儀。

四、打造良好的第一印象

你的禮儀透露你的修養與文化素質。社會往往以貌取人，第一次見面時人們已自動幫你打分數。我們常說的：你不會有第二次機會給予第一印象「You will never have second chance to give first impression」。人際互動時，除了要將自己打點整齊清爽之外，禮儀知識不可少，這樣會讓人覺得與你相處很舒服自在不會格格不入，或讓接待你的主人尷尬、自己也很失禮。

五、學習國際禮儀是一種修身養性

學習國際禮儀讓我們具備了在不同場合的先備知識，使我們能夠更得體大方，在學習國際禮儀時要有良好的「心態」，我們所學是為讓自己更優雅從容，並不是懂了之後感覺高人一等或是沾沾自喜，例如學習餐桌禮儀懂得吃法國菜便自覺不凡，在與不同國家的人交往時不需要有「夜郎自大」的心態，更不需要自我矮化，覺得不如別人。

所謂「讀萬卷書不如行萬里路」，讀了國際禮儀書若能將所學用在所到之處，對不同國家的人及文化都能夠理解並尊重，成為一位有豐富內涵見多識廣的人，這樣「由內到外」的理解，以及「由外到內」的包容與接納，能夠成就更完整美好的自己，這就是國際禮儀最重要的內涵。

誰需要學國際禮儀？

　　「國際禮儀」在傳統教學當中非標準學科，往往在畢業踏入社會之後才體會到禮儀無所不在，因而導致在職場以及國際往來感覺無所適從。近年來教育界普遍體認到「國際禮儀」的重要性，若能及早向下紮根，就能讓國民的水準更進一步，人民往來以禮相待，國際往來互敬互重，減少紛爭讓世界更祥和。

　　本書適合所有想學國際禮儀的人閱讀，包含：

1. 各級學校師生：學校負責教國際禮儀的老師往往非專業養成，在國際觀與實際教學上面都需要預先學習，有了國際禮儀專書可以讓教學更得心應手，學生也有相對應書籍可使用。
2. 業務需要：公家機關需要安排活動或長官出訪，私人機構例如秘書工作、公關人員、企業負責洽辦活動相關人員等，需要更瞭解國際禮儀，讓工作更能得心應手。
3. 國際往來需求：有國際往來的單位，例如學校的國際處、企業有國際客戶等在商務往來頻繁使用。

　　學習國際禮儀可以為將來就業做好準備，不管是自身禮儀的體現或是為單位部門效力，都能大大提升個人價值，在工作場域上更加分。其實全民都應當學習國際禮儀，我們看到鄰國日本因為國家自小倡導禮儀教養，在發生如地震等災情時不見有偷盜燒掠的情形發生，人民安靜的等候政府安排領取物資或是到避難所休息，這都是禮教產生的影響力，變成全民認同的思想觀念。因此學習國際禮儀是一個國家內在實力的展現。

第二節　各國禮儀的差異

　　國際禮儀是一種「因地制宜」的學問，提早瞭解各國禮儀差異可以預先準備，讓自己更能融入當地文化，也能幫助我們順應風土民情做出最

合宜的應對進退。

　　各國禮儀的差異有很多，以下提出幾個文化上的有趣差異：

一、中國的敬酒禮儀

　　敬酒在中國最早用在祭祀，是在慶祝、團聚、告別和遠征時伴隨的活動（Mao, Tian, & Wang, 2021）。中國的乾杯文化，緣起皇帝賜酒臣子不得不喝，演化成如今中國人飲酒的霸氣。中國人的乾杯代表有義氣、是朋友、有膽識，中國的生意往來少不了這樣的敬酒文化。中式敬酒除了禮儀的問題之外，有其非常實用的功能，它是一種關係的建立和維護，不但凸顯禮貌同時也具有檢視真誠和順從的功能，微妙的是被敬酒的人如果拒絕，他不單只是拒絕飲酒這件事情，拒絕的也是敬酒的人的臉和情感，甚至是兩者間的關係，因此情感上，拒絕敬酒是違背中國的禮貌和文化。近年台灣倡導「酒後不開車」，對岸也由政府官方努力破除商場根深柢固的敬酒文化，降低拚酒、乾杯帶來的負面事件。因此聚餐赴約時最好搭車前往避免自行開車，若已開車前往，飯後也可請店家幫忙安排代駕服務。總之，吃飯之餘，賓主盡歡才是中國人餐飲的目的。

二、日本的鞠躬禮儀

　　日本的禮儀建立在注重形式細節和日常活動美學的悠久歷史之上，禮儀被視為一種表演藝術，強調形式的美學和對身體的約束，是一種自我修養（Ikegami, 2005）。日本禮儀課強調除非伴隨著正確的姿勢、聲音和態度，如果僅用語言上的問候是不合格的。鞠躬在日本是一種無處不在的問候方式，大多數日本人在他們會走路之前就已經會鞠躬了。正式鞠躬練習早在學齡前就開始了（Hayashi, Mayumi, & Tobin, 2009）。依照禮貌的程度劃分，鞠躬身體彎曲有三種弧度（分為15度、30度和45度），並且要

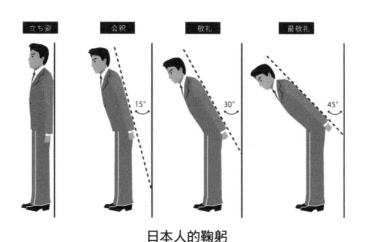

日本人的鞠躬

資料來源：berlinippon.com

保持一定的秒數。練習最正式的45度鞠躬，雙腳併攏站立，兩手在腰部以下握住，必要說的話必須在鞠躬前說完，同時保持背部成一直線，並維持在姿勢底部三秒鐘，然後慢慢上升，如此才符合鞠躬的規範標準。日本人透過身體體現來表達內心的尊重。日本禮儀培訓的重點是掌握語言和非語言行為，這些行為表明尊重和等級，對於一生鞠躬的日本人來說如何正確地鞠躬是非常重要的。

三、台灣的禮貌文化

我們常常聽說「台灣最美的風景是人」，這是因為台灣人民有一定的素養和禮貌。有學者研究台灣社會評估一個人是有「禮貌」還是「不禮貌」，是建立在尊重、體貼、自律三個最主要的概念類別上（Su, 2019），除此之外，還有合宜、和諧、教養、會說（請、謝謝、對不起）、客氣、感恩、委婉、親切、保持界線等。台灣人的禮貌素養不但滋養了台灣這塊土地和台灣人，還吸引了許多外國人的喜歡，進而成為國家的競爭力，也吸引了觀光客的造訪，成就台灣的軟實力。

四、俄羅斯的商務禮儀

在俄羅斯做生意，花時間瞭解不同的群體並瞭解他們的財富來源和背景是需要的。在俄羅斯做生意無論與誰打交道，在與業務合作夥伴更加熟悉之前保持中立和禮貌通常是最好的方法。在俄羅斯做生意必須為工作與生活上高度交織的性質做好準備。俄羅斯人經常向他們的商業同好發出私人社交聚會的邀請，拒絕這樣的邀請被認為是不禮貌的，也放棄了更加熟悉俄羅斯文化的機會。「準時」在俄羅斯代表著信任及可靠性，但過分強調守時會干擾建立個人關係，甚至被視為強迫和粗魯，如果延誤是不可避免的，像堵車或在俄羅斯地鐵系統中迷路之類的藉口是可以接受的，俄羅斯人以地鐵系統作為遲到的藉口，是因為他們對自己的地鐵系統感到自豪，但遲到不應超過十五分鐘。一般來說，俄羅斯人傾向於炫耀自己的財富，並經常在衣櫥中添加昂貴的配飾，例如豪華手錶、珠寶或昂貴的手提包。與俄羅斯人來往，話題上避免談及二戰或是君王制相關的話題（Medinskaya & Randau, 2021）。

五、印度的時間觀念

作為英國二百年的殖民地，印度人習慣於古老的英國等級制度，也習慣稱呼「女士」、「先生」。印度教和種姓制度的古老傳統影響，印度人非常注意社會秩序以及他們相對於其他人的地位，每一種關係都有一個明確定義的等級制度，必須遵守該等級制度才能維持社會秩序。「準時」在其他國家被認為是基本禮節，但在印度，一切都需要時間，事情並不總是像發條一樣運作。會議開始遲到幾分鐘或有一些中斷是很正常的，不應被視為不尊重的表現。印度文化在商業方面的步伐較慢、非正式，許多印度人認為，日程安排需要靈活，以適應不同人的時間表。在日程安排中留出一些寬裕以應對意外延遲，例如會議遲到或交通壅堵。如果

您正在拜訪政府官員，請準備好——等待。此外，穆斯林商人可能會在會議期間稍作休息以進行祈禱（Dezan et al., 2012）。

六、美國人的休閒穿著

在旅行當中常會發現美國人穿著十分休閒，那是因為美國人崇尚自由，認為穿著是一種自由的展現，每個人都有權選擇如何對世人展現自己，這樣的自由可以讓他們打破男女、老幼、貧富的界線。在幾世紀以前的美國，貧富可由服裝穿著被立即分辨，社會地位因此無從隱藏，在今日不管貧富可以自由選擇穿著舒適及適合個人風格的衣服，例如蘋果的創辦人賈伯斯（Steven Jobs）不管出席任何場合，都是一貫的黑色T恤，突顯個人風格（signature style）。但是在許多正式場合例如晚宴或到昂貴的餐廳，美國人仍然會穿著適當的服裝參加，在各種不同場合穿著對應適當的服裝，是一種禮貌也是一種學問。

七、日本、韓國的用餐坐姿

在日本及韓國很容易看到他們脫下鞋子在低矮的餐桌前盤腿坐著吃飯，這在日本及韓國是再熟悉不過的方式，然而對於歐美國家而言，可能每一分鐘都是煎熬。日本人採取「正坐」，這樣的坐法，代表尊重與禮貌。

日本的正坐

資料來源：每日頭條。

八、美國人愛嚼口香糖，新加坡不能吃口香糖

美國人愛嚼口香糖應該算是眾所周知的，甚至美國總統歐巴馬也曾

歐巴馬拜訪印度總理穆迪時嚼口香糖	新加坡禁止口香糖

在正式場合嚼口香糖而遭到批評，包含出席南非已故總統曼德拉的葬禮時以及參加諾曼第登陸70週年紀念活動時被拍到嚼口香糖，當時正在歡迎英國女王伊麗莎白二世出場，因而被認為非常失禮，雖然幕僚解釋歐巴馬正在戒菸，所以常會嚼含有尼古丁的特製口香糖解菸癮。擁護口香糖的人士認為嚼口香糖有許多好處，包含使口氣清新，也可以緩解緊張的心情，但在許多國家在重要場合中嚼口香糖被認為是不禮貌的。新加坡為了保持環境的清潔而禁止吃口香糖，這是因為口香糖黏在地上很難善後，因此不但新加坡買不到口香糖，外國旅客攜帶口香糖進入新加坡也是被禁止的，違者會被罰款。

九、晚上洗澡還是早上洗澡

相信在台灣大多數人都是晚上洗澡才能上床睡覺，但在美國卻

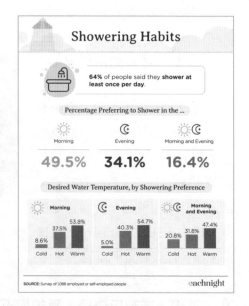

沐浴偏好
資料來源：eachnight.com

有一定比例的人喜歡在早上洗澡，根據美國2021年的一份「沐浴偏好」的研究報告顯示，喜歡早上洗澡的比例較高，因為美國人認為早上洗澡可以幫助身心從睡眠中甦醒，而且以最乾淨整齊的狀態示人也是一種禮儀的表現，由於一整天待在冷氣房所以晚上只要簡單洗臉刷牙即可睡覺，但若白天在室外活動那麼睡前也會先洗澡。

第三節　國際禮儀的趨勢

一、病毒改變社交禮儀

　　國際禮儀隨著世界進展、人類生活瞬息萬變，勢必需要與時俱進，例如近年來全世界受到Covid-19病毒影響的「戴口罩文化」，讓人們見面時不能再有近距離的接觸，因而發展出不同的打招呼方式，我們看到元首高峰會議，各國元首以觸碰手肘的方式替代擁抱或握手，是疫情期間的新禮儀呢！除此之外，包含保持社交距離、勤洗手、配戴口罩、旅遊回國需

疫情期間歐洲政治人物見面以碰手肘方式代替握手與擁抱

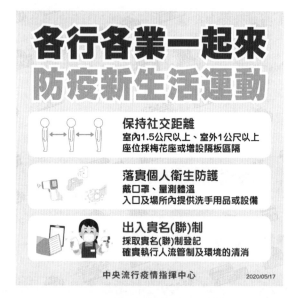

防疫期間新的社交禮儀

要進行幾天的隔離，另外加上幾天的自主健康管理（規定依疫情狀況而有所調整），自主健康管理期間不得群聚，包含不可以外出用餐以及非必要不去醫療院所看診，這都是在疫情期間所形成的人與人的社交新禮儀。

二、在家工作與視訊禮儀

受疫情影響，遠距上班（Work From Home, WFH）的行業及工作越來越多，或是因為疫情做隔離（quarantine），人們發現許多工作可以用視訊的方式解結，省去許多往返的時間和麻煩，因此視訊的禮儀也開始受到重視並逐漸成型，視訊雖不須親自到場，但仍然有許多必須事先準備的事宜，以確保視訊達到需要的效果，以下是建議的視訊禮儀：

1.確保你的工作背景乾淨整潔，適用於工作場景。
2.確保穿著整齊，需要入鏡的部分都要儀容整潔，穿著最好比照正式

視訊會議的尷尬時刻

資料來源：YouTube

場合。

3. 留意你的音訊和視訊的設定，為了表示對主持人及與會人士的尊重，應當打開視訊模式，如果不是主持人或發言人，則應當保持靜音以免有干擾的聲音。

4. 主持視訊會議應留意不同時區，擬定安排視訊時應考量與會人士的時區時差問題。

5. 確保視訊時不要有「意外」的場景或人物入鏡或突如其來的干擾，如需要暫時離鏡，要確保關掉視訊屏幕，以免尷尬的糗事發生。

三、元宇宙虛擬世界

近幾年元宇宙的快速興起，虛擬世界、虛擬貨幣上人類新型態的互動勢必發展出一套新世界人類交流的禮儀方式。元宇宙的運作是延伸現實生活的虛擬世界，有別於現實社會的制度與運轉邏輯，元宇宙中每個人擁有另一種身分，甚至多重身分，而身分也可任意快速轉變，虛幻莫測，每個人很容易形成不同的朋友圈，這個朋友圈跨越距離、年齡與身分。

國際禮儀
空姐教你如何塑造觀光餐旅的專業形象

26

元宇宙、虛擬的世界

資料來源：https://medium.com/digital-catapult

現實生活的大學生，或許是另一個平行宇宙的富商，人際關係、社交禮儀……必須重新學習才能面對瞬息萬變的發展，由於元宇宙初成型，全世界尚未有相應的標準規範，對於元宇宙的國際禮儀知識也必須貼緊潮流的腳步做快速更新。

課堂活動設計

1.在過去的旅遊經驗當中，曾經到過哪些國家？分享一下各國習俗禮儀的不同。
2.針對本文「瞭解各國禮儀的差異」的部分，請同學試著分享自己的經驗或感受。
3.請討論視訊上課或會議有哪些方便與不方便之處，有哪些禮儀需要注意？
4.請同學討論元宇宙應該有哪些禮儀？

延伸閱讀

Denton, J., & Tang, H., (2017). *The Practical Use of International Etiquette* (Second Edition). 書林出版社

Dezan Shira & Associates and C. Devonshire-Ellis (2012). *Doing Business in India.* India Briefing, DOI: 10.1007/978-3-642-27618-7_3,

Dunn C. D. (2018). Bowing Incorrectly: Aesthetic Labor and Expert Knowledge in Japanese Business Etiquette Training. In: Cook H., Shibamoto-Smith J. (eds.) *Japanese at Work. Communicating in Professions and Organizations*. Palgrave Macmillan, Cham. https://doi.org/10.1007/978-3-319-63549-1_2

Froide, G. M., & Verheul, M. (2016). *An Experts'Guide to International Protocol.* Amsterdam University Press.

Hayashi, A., Mayumi, K., & Tobin, J. (2009). The Japanese Preschool's Pedagogy of Feeling: Cultural Strategies for Supporting Young Children's Emotional Development. *Ethos, 37*(1), 32-49.

Ikegami, E. (2005). *Bonds of Civility: Aesthetic Networks and the Political Origins of Japanese Culture.* New York: Cambridge University Press.

Mao, Y., Tian, X., & Wang, X., (2021). I will empty it, be my guest: A pragmatic study of toasting in Chinese culture. *Journal of Pragmatic, 180*, 77-88.

Medinskaya, O., & Randau, H. R., (2021). Etiquette: Do's and Don'ts. *Russia Business*, 255-263: Springer.

Su, H.Y. (2019). The metapragmatics of Taiwanese (im) politeness: Conceptualization and evaluation of limao. *Journal of Pragmatics, 148*, 26-43.

Etiquipedia，禮儀百科，https://etiquipedia.blogspot.com (2021/11/2)

Part 2

餐飲禮儀
Dining Etiquette

古云:「飲食男女,人之大欲存焉。」飲食,作為人類生存最基本的需求,對不同階級飲食禮儀上的規定可能多如牛毛,特別是在古代中國更是難以讓人一窺其貌。古往今來規格最高的宮廷菜中以清朝的「御膳」著稱,其中慈禧太后的西膳房為猶有勝之。慈禧太后熱愛美食講究排場,她另闢私廚「西膳房」規格遠遠超過了皇帝的御膳房,不僅能製作四千餘種菜餚,還能做四百餘種點心,花樣翻新,應有盡有。歷史記載慈禧太后(1835-1908)一天兩頓主餐,兩頓加餐,六頓小食,每次正餐都備有一百多道菜,要用六張膳桌來擺設,當然這麼多道菜慈禧太后並不全吃,看上哪一樣便讓太監夾一些給她,而依據皇室祖宗家法,再好吃的菜,不准吃超過三筷子,因為怕有人知道皇帝的喜好。慈禧吃飯排場很大,皇帝、皇后嬪妃等都要在旁邊伺候。曾為慈禧太后畫像的美國女畫家卡爾(Katharine Augusta Carl, 1865-1938)在《慈禧寫照記》(*With the Empress Dowager of China*)記載:太后用膳,南向坐在桌之一端,桌上布置銀碗碟無數,皆盛以極珍異之食物。

飲食是人際互動的重要活動，各國飲食型態各異其趣，食物內容以及餐具不同，在餐桌上如何得體拿捏應對，端看我們的國際飲食經驗及對異國食物及文化的瞭解。在進入食的禮儀之前，首先，我們應當瞭解美好的用餐經驗包含哪些因素？同時瞭解各國的飲食禮儀受哪些因素影響？

慈禧用膳

資料來源：網路

Chapter

3

餐飲禮儀的內涵

第一節　異國餐飲的形成因素

第二節　各式餐飲的類型

餐飲是生活中不能缺少的一部分，也是人與人感情交流的重要活動，舉凡親友往來、商務會面的交流都少不了在餐桌上進行，有了美好的餐飲經驗為人生帶來和諧與成功。營造美好的餐飲經驗包含了以下條件：

1. 美味可口的食物（good food）：美好的食物在色、香、味上面面俱到，不管是視覺、嗅覺、味覺都是極佳感官饗宴。
2. 優美的用餐環境（good environment）：好的座位安排、絕佳的視野、適當的隱私帶來良好的用餐經驗。
3. 專業到位的服務（good service）：服務人員的內在專業知識與外在的服裝儀容，再搭配訓練到位的服務禮儀。
4. 與對的人共餐（right people）：餐飲可以昇華人與人的關係，特別是與對的人用餐，更有加乘效果。
5. 好的用餐氛圍（good atmosphere）：燈光美、氣氛佳，細緻的餐具擺設再搭配適合的背景音樂，營造用餐良好的氛圍。
6. 有溫度的安排（human touch）：主人、賓客、廚師或服務人員任一方的用心程度都可以為餐飲增色，讓人留下好的印象。

第一節　異國餐飲的形成因素

是否想過為何日本料理常見有生魚片、韓國人愛吃泡菜，而東南亞菜餚則總是酸酸辣辣？各國餐飲形成有其因素，瞭解這些因素對該國餐飲禮儀就會有基本的認知與尊重，特別是以「客隨主便」這樣的精神去應對，可以讓主人能夠就地取材更方便準備，客人也能夠盡情欣賞享受在地美味。

一、地理環境（geography）

我們常說「靠山吃山」、「靠海吃海」，在台灣，我們上山會期待吃山菜及山上的珍稀佳餚，而當我們下海到海港時則會想要大啖海產吃生猛海鮮，也就是區域或國家所在的地理位置，與飲食的形成以及飲食習慣有密切的關聯。

(一)日本

日本為島國，也是一個多山的國家，地形起伏平原少，地理環境不適合放牧，且四面環海漁業資源豐富，海鮮既新鮮又容易取得，而「和食」的概念是將食材本身的美味做最大程度的發揮，生食正好能夠完整體現出天然的原汁原味，因而發展出日本生食文化的結晶。

(二)韓國

韓國人餐桌上一定會看到的各式泡菜，那是因為韓國地理位置冬天天氣很冷蔬菜類食物難求，因而在夏天大量收成製作成泡菜預存，在氣溫低的天氣吃辣椒可以禦寒，辣椒的維生素C可以預防感冒提高抵抗力，因此韓國餐桌上會有一系列的泡菜搭配，這泡菜並非只是市井小民的食物登不了大堂，事實上泡菜是韓國的國寶，而泡菜的製作方式是「釀造」並非「醃製」，對韓國人來說它是一種健康的食物，韓國人引以自豪，尊重韓國泡菜等於尊重韓國文化，泡菜也成了韓國進行國際交流的重要伴手禮。

(三)泰國

泰國食物大都喜歡加上酸酸辣辣的佐料，這是因為泰國天氣炎熱，人們往往沒有胃口，而加入酸辣佐料可以開胃，酸類的佐料也可以延長食物保鮮的時間，避免夏天溫度過高一不小心就可能食物敗壞。

(四)中國

地廣物博的中國，不同的緯度和海陸位置造就了中國各地區不同的氣候條件。我們常說「南方人愛米飯，北方人喜麵食」，這是因為中國的南方氣候濕熱，盛產水稻，因此以大米為主食；北方氣候相對乾冷，適宜小麥等作物生長，因此以麵粉為主食。

二、文化（culture）

文化指的是一個群體或個體所接受的價值、信仰、態度或習慣。東方文化與西方文化在飲食上有很大的不同，東方人拿筷子吃米飯，西方人拿刀叉吃牛排，不管是哪種進食工具都應該被理解及尊重，外國人欲瞭解這個國家的文化也應當在飲食上「入境隨俗」學習使用這樣的道具，切勿冒犯、抵損他國飲食文化的精髓而不自知，例如Dolce & Gabbana以筷子吃披薩之輕挑言論視頻，給人辱華的感受引起華人激憤，中國並對Dolce & Gabbana予以制裁，大大傷害企業自身形象，這便是對於他國飲食文化的嬉鬧不尊重。東西方飲食文化不同，體現在三個部分：食物、餐具、用餐禮儀。

Dolce & Gabbana起筷吃飯系列廣告

(一)食物

　　不同國家對他國文化的食物也許不適口不習慣，然應當表現出感謝主人特別準備的這份心意，主人也應理解外國訪客對於生澀冷門非主流食物不容易接受的情況，因此在挑選食物時應當更用心，例如「豬血」，是屬於血類製品，對外國客人或特別宗教來說是禁忌，應當避免。味道較重的食物例如「臭豆腐」，其特殊氣味往往讓外國人不敢領教。有些外國人對於台灣便利商店總飄著「茶葉蛋」的特殊氣味敬謝不敏。相對的，亞洲人對於義大利的藍紋起士（blue cheese）上面青黴菌做成的食物也很難接受，只能說食物各有喜好及擁護者，我們應當予以尊重、理解，身為異鄉作客的我們即便自身不能接受，也應理解對方飲食的喜好並尊重，切忌表現出鄙視或坐立難安的情況，讓正在享用這份特殊美食的人十分尷尬。既然到了異鄉應當多嘗試異國食物，讓自己有更多的體驗，然而，在嘗試食物時也應當注意自己的腸胃，才不會「水土不服」結果進了醫院，例如以前的華西街也稱「蛇街」的名號，吸引許多外國人造訪，曾有某航空公司三位機長嘗試生飲華西街的蛇血結果進了醫院，隔天該航空公司必須取消航班導致三百多人的旅程受到影響。

(二)餐具

　　人類進食採用的方式，世界流行最為廣泛的有三種，用手指、用叉子、用筷子。用手指抓食的人口主要分布在非洲、中東、印度等地，用叉子進食的人口主要分布在歐洲和南北美洲，而用筷子吃飯的人口主要在東亞大陸。筷子作為華夏飲食的標誌之一，究竟筷子是誰發明的已經不可考，中國目前發現最早的筷子是銅筷子，歷史記載有紂王生活奢侈使用精緻的象箸，筷子的歷史大約有四千年。以手直接進食的國家，例如印度，印度人用手取食其實是尊敬神明的行為，因為食物是諸神及大自然的恩賜，用手吃飯是對神及食物的尊敬，用手吃飯也能和神產生連結。以手

進食在我們生活中也有，例如我們在享用螃蟹、手扒雞也會徒手吃，因為雙手萬能最為便利好操作，也最能吃得開心，並且徒手進食每次取用的分量有限也不會燙口，再加上不需要使用餐具，其實說起來也是很環保呢！

(三)用餐禮儀

　　有些國家如菲律賓、柬埔寨、韓國、埃及，如果把盤子裡的食物全部吃光，代表告訴主人「我還沒吃飽」，而在越南長輩們會告知食物不能全部吃完要留一些，因為代表心裡還有別人，是一種客氣及尊重的行為。在日本、中國、台灣，把餐桌上食物吃光光代表你對主人的手藝很滿意。其他用餐禮儀如中國人筷子不能立在飯碗上，而且要端起飯碗好好吃飯，但韓國人不端飯碗吃飯，因為街上的乞丐沒有桌子才會端著飯碗，以實際使用來說，韓國使用的鋼碗比較導熱會燙手，因此也不適合端碗。

◆中國

　　不能把筷子立在飯碗上、吃魚不能翻面代表翻船、老闆在吃尾牙時把雞頭對準的人代表要炒魷魚、麵線不能剪斷因為越長代表越長壽（日本過年吃的麻糬拉得越長也代表長壽），大家一起進食時應該有公筷母匙的概念，取用食物時避免翻攪餐盤的食物，喝湯吃飯不宜發出聲響。

◆日本

　　吃飯前要大聲喊「開動了」（いただきます），在飯後也會說「我吃飽了！謝謝招待」（こちそ様でした）。另外，日本人吃麵可以發出聲音代表好吃而且發出聲音帶動空氣進去也能讓麵湯降溫避免燙口；日本葬禮上會用筷子傳遞遺骨，因此日本人在餐桌上不用筷子夾食物給他人。

◆日本、韓國

　　日本和韓國很常看到跪坐吃飯，中國在西晉以前也是跪坐吃飯的。

秦漢以前沒有桌椅板凳，古人習慣「席地而坐，憑俎案而食」。也就是把蘆葦編成的席子鋪在地上當成坐具，面前再放置擺放食具的俎或案，跪坐在席上吃飯，即所謂的「踞坐」，直到胡床（凳子）發明之後才改成坐著吃飯。現在跪坐或盤腿吃飯在韓國及日本仍然盛行，喜歡跪坐吃飯的人認為這樣的姿勢可以增加流向胃的血液，有助於消化食物也可以防止腹脹。

◆泰國、菲律賓

　　泰國和菲律賓的主要餐具是湯匙和叉子，是採左手持湯匙右手持叉子，用叉子將食物送到湯匙然後進食，注意不宜將叉子直接放進嘴巴裡，而歐美等國使用刀叉的方式則是以右手持刀左手持叉，但享用義大利麵的時候則是右手持叉左手持湯匙，以右手的叉子將麵條在湯匙上用旋繞的方式捲成一小坨之後送入嘴裡。而有趣的是義大利人吃義大利麵時只用叉子不用湯匙，對那些吃義大利麵時，像吃披薩一樣使用刀叉，是會讓義大利人搖頭的。

泰國人左手持湯匙，右手持叉子

義大利人吃義大利麵時只使用叉子

三、民情風俗（custom）

某些國家或地區有特別的習俗，因而也造就了特殊的飲食習慣，以台灣的節慶習俗為例：

(一)春節

除夕要圍爐吃年夜飯，飯桌上會有魚（象徵年年有餘）、長年菜（象徵長壽）、客家人吃豆乾（代表做大官）、過年一定要吃雞，因為雞與「吉」諧音代表吉祥，雞也與台語「家」同音，因此有「呷雞起家」的意涵。

(二)元宵節

元宵節吃湯圓，因為湯圓的形狀再加上湯圓與「團圓」字音相近，代表家家戶戶團團圓圓的意思。

(三)清明節

清明結合了對祖先及自然的崇拜，是重要的祭祀節日，傳統清明時節會掃墓，通常準備了米糕、粿類和糕餅祭祖，其中紅色的麵龜代表長壽，將這些紅龜粿、麵龜分給當地小孩子吃的習俗，稱為「揖墓粿」，象徵「祖德流芳」。

(四)端午節

端午節源於中國遠古的祭龍日，百姓要防疫怯病，端午節時瘴癘之氣較重，因此要喝雄黃酒、綠豆糕退火清熱怯瘟解毒的功效，一般人以為划龍舟和吃粽子是拯救投江自盡的愛國詩人——屈原，實際上這些都是對神的祭儀活動。

(五)中秋節

中秋節是豐收的時候，因此需要祭拜祖先與土地公，感謝祂們保佑秋收豐盛，我們常吃的是月餅與柚子，月餅是圓形象徵「月圓人團圓」，後來形成家戶於中秋節時賞月烤肉，也是家人珍惜團聚的意義。

(六)其他國家習俗

義大利會在聖誕節時吃一種叫做「Panettone」麵包，那是一種聖誕節限定的水果麵包，作為節慶時慶祝及送禮用，吃的時候也會搭配氣泡酒。印度的屠妖節（Deepavali）又稱為「印度燈節」，在每年印度曆的八月，是個為期五天的節日，印度人此時會吃杏仁糕來趨吉避凶。這些民情風俗密切的影響著飲食生活，因此不論是外國友人來訪或是我們旅遊其他國家，可以依據當地時間去享受在地的民情風俗與特殊餐飲文化，並以同樣理解及歡慶的心一同慶祝，就符合國際禮儀的精神了。

義大利聖誕節吃的麵包Panettone

四、氣候因素（weather）

氣候因素也深深的影響餐飲習慣，例如前述的韓國泡菜，在冬天也能在韓國餐桌上提供各式蔬食佐餐，東南亞的酸辣佐醬都是因為氣候所造成的飲食文化，因為南洋位處熱帶氣候區，居住在這裡的人自古即仰賴風味強烈的辛香料保存食材，以氣味明顯的香料調理食物，喚醒味蕾、增進食慾，包含印尼、菲律賓、泰國及印度都是用大量辛香料入菜。而遠在北美洲北部的愛斯基摩人年平均氣溫負八度以下，天氣寒冷，因此食物來源都仰賴高油脂的魚類和肉類，而且幾乎不吃蔬菜水果，這是因為極地氣候植物難以生長，愛斯基摩人有一道特殊的飲食號稱是世界最暗黑的料理——「Kiviak，醃海雀」，考驗著外地人挑戰當地生食的勇氣。

五、宗教（religion，宗教禮儀章節可參考第六章）

宗教影響居民飲食及禮儀，如果要宴客時務必要先瞭解賓客的宗教信仰，對許多人來說，宗教信仰是神聖且牢不可摧的。世界三大宗教包含：

(一)佛教（Buddhism）

素食是佛教徒所強調和鼓勵的，基於慈悲的立場也認為葷食有損健康；佛教的素食也包含不吃香料類，例如大蒜、蔥、韭菜等。至於飲酒的部分，佛教重視智慧認為多飲酒容易亂性，為了精進達成修定的目的，必須戒酒。

(二)印度教（Hinduism）

印度教嚴禁吃牛，此外，多數印度教徒也忌吃豬肉，這是由於豬肉是不潔的觀念廣泛為印度教徒接受之故，未煮過的魚及燻製的魚都不適合，但可吃羊肉、家禽、其他魚類及奶類製品，其實印度鼓勵吃素，有一

半的人口是素食印度教徒，其中印度教分支耆那教徒飲食更加嚴格，他們禁吃一切可能造成生物死亡的食物，而戒飲酒是印度人的共同習俗。

(三)回教（Islam）

回教又稱伊斯蘭教，教徒稱為穆斯林（Muslim），回教的食物稱為清真食品（Halal Food），他們不吃豬肉不飲酒，清真食品的認證很嚴格，宰殺的人必須是穆斯林，宰殺的過程必須誦經、放血確保動物在最不痛苦中死去，他們也不吃自然死亡的動物，因為不能確定是否潔淨，除此之外每天亦有固定的五次禱告時間，每年則有一整個月實行「齋戒月」，時間是在伊斯蘭曆的第九個月，齋戒月一整個月白天均不進食，但哺乳的婦女、生病的人及觀光客除外，穆斯林利用每年的齋戒月節制私慾、體會窮人疾苦。

六、國家開發程度（modern development）

國家開發程度最明顯是餐飲禮儀的部分，非洲部落過著原始的生活，那裡的孩子從小就開始接觸狩獵，以葉子當餐盤，以手當刀叉，席地而坐，有些區域部落過著極簡生活，以徒手進食，生活資源缺乏，挑戰人類極限；反觀在法國、英國、中國等古老歷史國家，飲食往往藏著繁文縟節，不管是中式或西式，餐具很講究且搭配華麗的排場。國家開發程度也影響餐飲的烹調方式，從簡單粗略的方法徒手生吃到米其林餐飲的繁複調味和擺盤。

第二節　各式餐飲的類型

用餐可依時間與類型不同方式，繁複程度也有不同。

一、以時間劃分

(一)早餐（breakfast）

早餐breakfast這個字是由兩個字break（打破）和fast（禁食）組合而成的，也就是睡醒後打破禁食的第一餐。一般早餐分成美式早餐（AB, American Breakfast）、自助式早餐（BB, Buffet Breakfast）、歐陸式早餐（CB, Continental Breakfast）、英式早餐（English Breakfast/ Full Breakfast），其他還有德奧早餐、法式早餐、義式早餐；而亞洲早餐也很多元，中式早餐、日式早餐、東南亞早餐等多種樣式。一般來說入住飯店會依飯店規模大小、區域特性、當日入住旅客多寡提供不同款式的早餐，特別在疫情期間入住旅客銳減，早餐的機動性變動，是飯店營運的重要課題。

◆歐陸式早餐

通常比較清淡，一般提供：

1.麵包類：吐司、餐包、可頌、糕點、奶油和果醬。
2.美式火腿、義式香腸、義式火腿。
3.生菜沙拉、新鮮水果。
4.奶製品，例如牛奶、起司、優格。
5.早餐玉米片、穀片、燕麥片。
6.果汁、咖啡、茶、牛奶、礦泉水。

◆英式早餐

又稱為全式早餐，一般為一個大盤子上面提供以下餐點：

1.煎蛋、香腸、培根或火腿、英式血腸。
2.青豆、烤番茄、烤蘑菇。

3.吐司搭配英式濃茶，也可點咖啡和果汁。

在歐洲通常提供英式早餐或歐陸式早餐，歐陸式早餐較多澱粉類，英式早餐則以蛋白質為主，也有歐洲旅館提供一種「冷自助餐」（cold buffet），基本上沒有熱食，都是冷盤或室溫的麵包類。

◆美式早餐

通常比較豐盛，一般提供：

1.各式蛋類，如陽光蛋（sunny-side up）、炒蛋（scramble egg）、蛋捲（omelets）、捲餅（burrito）。
2.培根、火腿、香腸、薯餅。
3.鬆餅（waffle）、煎餅（pancake）、貝果、吐司、糕餅類、玉米片、燕麥。
4.果汁、牛奶、咖啡、茶。

◆德奧早餐（Wiener Breakfast）

基本會有咖啡、麵包類、雞蛋類（水煮蛋）、香腸、火腿、培根。

◆法式早餐（French Breakfast）

一般有拿鐵咖啡、熱巧克力、法式麵包切片、牛角麵包、葡萄乾麵包捲。

◆義式早餐（Italian Breakfast）

拿鐵咖啡、卡布奇諾咖啡、麵包、麵包捲、牛角麵包，義大利人早上喜愛咖啡，拿鐵只有在早餐會喝，搭配各式麵包類。

◆自助式早餐（Buffet Breakfast）

自助式早餐種類繁多，在許多國際型飯店因為往來有各國人士，不同國家不同民族早餐喜好也有很大不同，因此傾向提供異國早餐作為選

擇，希望房客都能夠有熟悉喜好的早餐，讓入住體驗有「賓至如歸」的感覺。

◆**中式早餐**（Chinese Breakfast）

　　有燒餅油條、豆漿、蛋餅、飯糰、煎包類、稀飯和各式醬菜搭配。

◆**日式早餐**（Japanese Breakfast）

　　有茶泡飯、味增湯、烏龍麵、納豆、醬菜等日式食物。

◆**東南亞早餐**（South Asia Style Breakfast）

　　越南早餐有牛肉河粉、鮮蝦米線春捲；印度早餐有香料米飯、烤餅、蔬菜煎餅；馬來西亞早餐則是肉骨茶；印尼常見的早餐有烏督飯（Nasi uduk）和牛肉麵湯及肉丸湯。

印尼常見的早餐──烏督飯

(二)**早午餐**（brunch）

　　是由早餐breakfast 和午餐lunch兩個字的結合，是介於早餐和午餐的餐點，通常用餐接近中午時段，大約是早上11點至下午2～3點之間。

(三)午宴（lunch）

中午12點到下午2點，是日間重要餐飲時間，商務往來、會議之後都會準備午宴款待。

(四)茶會（tea party）

舉行時間在早餐與午餐之間，或午餐與晚餐之間。

(五)酒會（cocktail party）

是一種形式較為簡單，用酒和點心待客的宴會，不用排席次，客人到場、退場都較自由，按照時間的不同可分為正餐之前的酒會和正餐之後的酒會，目的是讓賓客之間有更多互動的機會和時間，注意在請帖上應當註明酒會起迄時間。

(六)晚宴（dinner）

時間在下午6點以後，也是一整天最為正式的餐宴，時間上因為屬於家庭及個人時間，宴客時應當邀請夫婦一同參加。

(七)晚會（soiree）

是由法文「soir」傍晚、晚上而來，意思是晚上之後的活動，通常包括餐宴及節目，例如音樂演奏、遊戲、跳舞等。

(八)晚宴派對（gala dinner）

晚宴派對通常是人數較多的大型宴會派對，可能採固定座位式餐宴或是自助餐形式，通常也會伴隨娛樂節目或是諸如頒獎活動或主題式活動。參加晚宴派對須著正式服裝出席，通常著晚禮服（black tie）。

英文的Supper與Dinner的區別

　　Dinner是晚上最大的餐點，在5點至8點之間，而Supper是較古老的用詞，也是晚餐的意思，比起Dinner的分量來說，Supper相較之下則是分量較輕。

Supper與Dinner的差別

資料來源：7esl.com

二、以類型劃分

(一)國宴（state banquet）

　　國宴是指元首之間來訪，或因出席重要國際會議所舉辦的正式宴會，是規格最高的外交宴請活動。

(二)園遊會（garden party）

　　主題式的戶外活動，例如慈善園遊會（charity garden party）。

(三)自助餐會（buffet）

餐點採開放自助的方式，不排座位可以先後進食隨意進食，在分量和選擇上擁有較多的自由權。

(四)下午茶（high tea, afternoon tea）

下午茶發展自英國維多利亞時代的英式下午茶，下午茶介於午餐和晚餐之間，一般在下午三點半到五點舉行，下午茶並不是正餐，通常搭配蛋糕、三明治使用。

High Tea和Afternoon Tea分別

資料來源：theteacupoflife.com

下午茶的三層架
（three-tier petit four stand）

　　petit four意思是小蛋糕或小餅乾，用來在餐後與咖啡一起食用，一般來說下午茶的三層架每一層擺放的東西不一樣，通常鹹的點心例如三明治或是司康（scone）擺放在最下層，依序將甜蛋糕擺在第二層，最上層通常是巧克力、馬卡龍，進食的順序是先吃鹹再吃甜，因為甜食會影響我們的食慾，因此取食下午茶時也一樣，由下層開始依序往上吃，也就是由鹹往甜吃。

下午茶擺設

 課堂活動設計

1. 請同學討論到餐廳用餐的經驗，哪些因素決定了美好的用餐經驗，哪些讓他們敗興而歸，為什麼？
2. 將同學分組，分別搜尋各國早餐內容並於課堂上分享。
3. 將同學分組，請他們搜尋各國節慶食物及其代表意義。
4. 將同學分組，請他們搜尋各種用餐的方式，用手、刀叉、筷子的國家，及其餐食的內容。

延伸閱讀

Black, R. (2019). *Essential Guide for Table Manners, Business Meals, Sushi, Wine, and Tea Etiquette.* Celestial Arc Publishing.

Mason, L. (2018). *Book of Afternoon Tea.* National Trust.

Meier, M. (2020). *Modern Etiquette Made Easy.* Skyhorse Publishing.

中村義裕（2017）。《日本傳統文化事典》。遠足文化。

行政院國情簡介——宗教信仰在台灣，https://www.ey.gov.tw/state/D00B53C98CD4F08F/0fe638e7-c0bf-401e-b9f2-3db11eecd508

張玉欣、郭忠豪、蔡倩紋（2020）。《世界飲食文化》。華立圖書。

Chapter

4

美好的餐飲饗宴

第一節　中式餐飲禮節與擺設

第二節　日式餐飲禮節與擺設

第三節　西式餐飲禮節與擺設

第四節　餐飲座位安排

歡樂又美好的餐飲饗宴總是讓人感到幸福，從餐廳的藝術擺設開始就能炫染賓客的情緒，迎面而來服務生燦爛的笑容開啟了饗宴的大門，伴隨而來讓人魂牽夢縈的食物香氣，美食一定要搭配美酒啊！觥籌交錯歡聲笑語，人生不亦快哉。

第一節　中式餐飲禮節與擺設

美好的餐飲盛宴包含整潔高雅的環境及餐桌擺設，也包含了主客的修養與用餐禮節。好的餐飲擺設能提升賓客心情、用餐氣氛與食慾，餐飲擺設可以依主人氣質、喜好、品味做選擇，過分華麗複雜繁文縟節有時反而失去了享用美食的樂趣。以下依常見的餐飲方式分別介紹：

一、中式餐飲禮節

(一)正確持筷方式「龍含珠，鳳點頭」

龍含珠 鳳點頭

筷子是中國人的國粹，如果問每一位中國人會不會使用筷子？我想得到的答案肯定都是：「會啊！用了這麼多年了！」，然而確實如此嗎？其實並非中國人就一定會使用筷子，根據個人多年的教學經驗，班上不懂得正確使用筷子的同學超過八成，有些拿筷子的方式甚至荒腔走板歪七扭八。究其原因可能是這兩種因素：

1.每個人的家庭背景不同，教導拿筷

持碗筷的正確方式「龍含珠，鳳點頭」

子的「啟蒙老師」不一樣，這位啟蒙老師通常是媽媽或是家庭其他成員，而啟蒙老師自身是否懂得正確使用筷子並正確傳承嗎？值得瞭解與探討。

2.中國人開始學習使用筷子大約是幼兒園時期，有些父母心急導致孩子心理壓力，揠苗助長的結果是孩子抓握筷子的時候過度用力，手部及手指的肌肉過於緊張不自知，就採這樣的方式握筷子直到成年，從未檢視過自己握筷子是否正確。在課堂中發現外國學生使用筷子比本國學生更好更正確，這是因為外國學生學習筷子的時候已成年，手部肌肉都已健全，學習時也多為了興趣不會感受到壓力。

拿筷子的正確方法是「龍含珠，鳳點頭」，坐著時端正上身，左手持碗右手持筷；左手持碗時大拇指在上、四隻手指平行在下持握，宛如龍張開口含著一顆夜明珠；而右手持筷如同一隻鳳凰，筷尖的部分張開閉合時就彷彿鳳凰點頭一般，這樣拿碗筷的姿勢才是正確漂亮的姿勢。

正確持筷方式

按照六個步驟，正確使用筷子：

1.筷子平齊，手握筷子的上半段約三分之一處。
2.將兩根筷子稍微分開，輕夾在大拇指和食指之間。
3.使用大拇指、食指和中指輕輕握住上面的筷子。
4.食指平齊輕放在上面的筷子上，筷子輕落在中指指甲片上。
5.大拇指輕輕固定住，食指和中指負責移動上面的筷子。
6.小指輕貼著無名指，第二根筷子輕落在無名指指甲片處。

正確拿筷子的要訣是「放輕鬆」，讓手部肌肉盡量放輕鬆，就像彈奏樂器或是唱歌時都要讓肌肉放鬆，才能輕鬆地駕馭，正確的使用筷子。

(二)錯誤的拿筷姿勢

1.食指跨越式：這種拿法非常接近正確拿法，差別在於食指跨越上面
的筷子，試圖增加控制力，原因是手部肌肉過於緊張，這種拿法是
最常見的錯誤方式。

2.五指忙亂式：五指零散分開，將筷子放在無名指中央處，著力點在
雙筷交叉處，這種拿法令手指十分忙亂，握法和用力姿勢都不對。

3.蓮花指式：這種方式就是用大拇指拖著筷子，用較多力氣在無名指
上，所以小拇指是翹起的，通常夾菜也會以手背朝上。

錯誤方式一：食指跨越式　　錯誤方式二：五指忙亂式

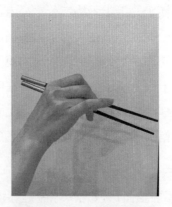

錯誤方式三：蓮花指式

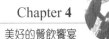

4.握拳式：就是以單手握拳，五指併攏將筷子夾在掌中使用，這種方式比較常在小孩子身上看到，與其說是夾，比較像是插食物或是挖食物來吃。

5.握筆式（交叉式）：使用筷子時將筷子交叉就像在握鋼筆，然後讓食指和中指分別負責放在上下兩根筷子上，這一種的筷子使用方式也蠻常見的。

6.翹指式：食指翹起，使用中指和無名指控制筷子，這種方式有時會讓坐在對面的人感覺被指指點點，讓人感到困擾。

7.背夾式：一般來說夾菜時手背不會朝上，而這種拿法是五指併攏，著力點在中指上，手背朝上。

錯誤方式四：握拳式

錯誤方式五：握筆式

錯誤方式六：翹指式

錯誤方式七：背夾式

(三)餐桌禮節

1. 中式餐桌一般是圓形，大圓餐桌的中間有一個小的旋轉桌（英文名為Lazy Susan），這個小圓桌的功用是旋轉菜色以方便大家夾取。開動的順序是讓主要賓客先行用餐，如果沒有主要賓客，就以上菜處前面的人先行夾菜，但如果是晚輩的話還是要禮讓以示禮貌。在旋轉小圓桌時以「順時針」方向旋轉，如果錯過想要夾取的餐點應該靜候小圓桌再次旋轉到眼前，切勿採取「倒帶」方式，將小圓桌硬拉回來，但如果已經旋轉過一輪了，大家都取用過了就可以視情況做調整。

中式旋轉桌

其實西式自助餐取餐也是採順時針方向取餐，取餐時拿乾淨的餐盤依順時針的方向取餐，取餐時應該避免交談，採多次取餐的方式，每次取吃得完的分量就好，有些店家會向浪費食物的顧客額外收費，不管有無這樣的規定，浪費食物觀感不佳，應該養成珍惜食物的美德。

2. 注意吃飯聲響避免發出咀嚼聲，這樣會讓鄰座的賓客非常困擾，而且觀感不佳；進餐時應避免噴嚏、長咳、呵欠、擤鼻涕，如果確有

必要，應該用手帕或是餐巾／口布遮掩。

3. 嘴巴有食物時交談可能會噴出菜餚飯粒，自己很尷尬別人也難逃突然飛來的橫禍。正確的方法應當是暫時停止交談，把口中的菜餚快速吞下去後，以口布擦一下嘴巴再行對話。

4. 吃飯時自顧自地滑手機，或是在餐桌上接電話等，對一同進食的人都是不禮貌的，應當尊重同桌共餐的人，將手機關靜音放到口袋或包包，好好享受美食與身邊的人寒暄交談。

5. 應該使用公筷母匙，一般來說，公筷的擺設方式有兩種，一種是在每一道菜上面有一雙公筷，取用時使用公筷，用畢隨即擺放在合適的位置讓其他人方便使用，另一種則是自己有兩雙筷子，其中外面的那副是公筷，裡面的是自己的筷子。

公筷母匙

6. 夾菜時不可在盤內翻菜挑自己喜歡的部分，或是將筷子放進嘴巴含著吸吮，也不可以用筷子當指揮棒指別人或指物品，或是用筷子去夾別人碗中的食物，這樣不好的餐桌禮節，讓人不敢恭維，別人雖口中不說但心中早已將你扣分。

7. 用餐時餐具掉到地上，可以示意服務生前來協助，待服務生補上新的餐具，不需自行撿拾掉落餐具，更不可直接挪用隔壁桌的餐具，這樣會造成餐廳及服務生的困擾。

8. 在飯桌上避免使用牙籤，如真有需要可使用口布遮住快速的使用。此外，用餐完女士也不應該在飯桌上補口紅，有些餐廳的化妝室有一個很好的空間也就是Powder Room，在那裡擺放大面的鏡子、椅子和置物檯可供使用，非常舒適。

二、中式餐桌擺設

1. 較正式的餐飲擺設為：筷子在骨碟右側，筷尖朝上，內側是個人筷，外側是公筷；有些餐點需要使用刀叉，服務生會在上該道菜之前擺上刀叉備用。

中式餐飲包廂

2. 茶杯在骨碟右側，湯碗在骨碟左側，湯匙放在湯碗中（勿倒扣在盤子上，以免湯匙的湯汁滴下來弄髒桌巾）。

3. 骨碟左側擺著毛巾及毛巾托。

4. 餐桌上除了裝飾用的花與花器之外，基本擺設有牙籤、醋與醬油。有些餐廳備有服務鈴，只要將需要服務的項目朝上，服務生就能前來服務，服務的項目有茶水、打包及整理等。

中式餐桌擺設

服務鈴　　　　　　　　中式餐桌上的常備品

第二節　　日式餐飲禮節與擺設

　　日本是一個非常注重禮節的國家，日本人強調「おめいわく かげないよに」（不要造成別人的困擾），因此與人互動時會自我要求，這也是從小學校與家庭的教育。在日本旅行、與日本人往來互動或是到日本餐廳都要特別注意禮數，以免冒犯他人或讓自己失禮尷尬。以下是幾個日本餐飲禮節：

一、日式餐飲禮節

日本料理店

1.全員餐點都上齊了才可以開動，開動時要喊「我開動了」（いただきます），吃飽了則要說「謝

謝招待」（ごちそうさまでした）。

2. 日本料理都會提供擦手巾（おしぼり），冬天是熱的，夏天是冷的，這個擦手巾只能拿來擦手，千萬不可拿來擦汗、擦臉、擦眼鏡。

3. 吃東西時不發出聲音，除了吃拉麵之外；然而在國際場合也應視情況注意配合國際禮節進食不發出聲音。

4. 日式餐桌擺設有別於中式料理，日式料理筷子是呈現水平擺設，筷尖朝左邊，任何時候筷子不能「躺」在碗上面休息，用餐完畢也應當放回餐盤上，最好放回筷套。

5. 湯碗的正確使用方法是左手輕輕握住碗，右手提起蓋子（如果因蒸氣吸著碗蓋難以開啟，扶著碗兩側的左手可以壓一下釋出空氣，碗蓋即可輕易開啟），將蓋子翻開放在桌上，以防止水滴弄濕桌面，由於湯匙在日本料理中不常使用，因此喝湯的方法是用筷子吃較大的食材，然後以碗就口喝湯，喝完再將碗蓋整齊地蓋回去。

日式味噌湯

6. 日本料理進食的順序一樣是由清淡到濃郁，因此如果吃生魚片（さしみ）類，應當先從白肉開始食用，例如蝦、干貝等，最後可以吃含油脂較為豐富的生魚片，例如鮪魚（マグロ）。

7. 吃壽司的時候要一口吃一個，盡可能不要咬斷否則會吃得有些狼狽。把食物送到嘴裡時，也不要用空出來的手在食物下面輔助，不讓湯汁掉落等動作，正確是用碟子等容器或是用餐巾紙。

8. 山葵（わさび）不應該跟醬油混合在一起，許多台灣人的吃法並不正確。

9.在進食時不應當起身去洗手間，這樣會打亂用餐的步調，大家必須等你回來餐飲才能繼續，這樣會讓吧檯的料理師傅及同桌檯的其他用餐客人困擾。

10.有些日本餐廳需要脫鞋子，因此平時就要注意足部的清潔衛生，特別是上班一整天後，如果脫了鞋子會有臭味，或許可以考慮多帶一雙襪子直接套上或替換，脫下的鞋子把鞋頭朝外擺放，方便離開時穿著。

日式榻榻米餐室

資料來源：lovepic.com

11.完整的日本料理上菜順序是：

(1)先付（開胃菜）→(2) 御椀（湯品）→(3)向付（生魚片）→(4)八寸（懷石料理會有此道）→(5)燒物（烤魚或是烤牛肉）→(6)炸物（天婦羅）→(7)焚合（燉菜）→(8)酢物（涼拌菜）→(9)蒸物（茶碗蒸或是蒸蛋）→(10)御飯＋止椀（味噌湯）＋香物（醬菜）→(11)水物（甜品）。

12.蕎麥麵應該一次一口麵條去搭配蕎麥醬汁，一口一口吃較為優雅，醬油不應倒入整碗蕎麥麵，避免麵條過鹹。

二、日式餐桌擺設

日式餐飲通常有吧檯位置，由料理師傅在前面，一道一道做好送到餐盤上立即享用美味，此種方式的餐桌擺設較為簡單，基本的有筷子、碟子、醬油碟、茶杯等。日式餐飲常見的還有會席料理（かいせきりょうり），是將所有料理全部置於餐盤上，一次呈給賓客享用，筷子在餐盤下

方靠近身體處，筷尖朝左，白飯在左邊，湯碗在右邊可以先喝湯、吃些配菜，接下來可以端起飯碗吃飯搭配前方的主菜。

吧檯前的位子

會席料理擺設

日本年菜

　　日本過年是新曆年的1月1日，年菜稱為「御節料理」（おせち料理）。

日本年菜──御節料理

　　日本的御節料理是把許多料理都放在稱作「重箱」（じゅうばこ）的盒子中，而且一層一層的疊起來，層層堆疊的重箱也代表著層層堆疊的福氣與喜氣，一般正式的料理以四層為主，但現在依照地區及核心家庭的需求，發展出一到五層各式種類的御節料理，御節料理不像台灣年夜飯吃熱騰騰的料理而是吃冷的，所以如果吃不完冰起來隔天繼續吃，至於新年前一天則吃「年越蕎麥麵」（年越しそば），由於蕎麥麵比起其他麵容易咬斷，也代表「斷除今年一年的厄運」，因此在一年的最後一天吃，此外也希望壽命可以像蕎麥一樣細長，或是像種植蕎麥一樣不畏風雨無病消災的含義。

第三節　西式餐飲禮節與擺設

一、西式餐飲禮節

(一)正確使用口布

　　餐巾／口布（linen cloth或簡稱linen）應該如何擺放？

西式餐廳

1.坐下時不可立即取用餐巾，應該等候女主人開動才可啟用。

2.口布是用來擦嘴巴或是需要遮掩一下時使用，切勿拿來擦汗、擦眼鏡。

3.口布或刀叉掉落，應示意服務生來協助，給予新的刀叉及口布，切不可直接拿取隔壁空桌的擺設。

4.口布對折鋪放在大腿上，不應該綁在脖子上或是塞在衣服領口，使用口部內側擦嘴，放回大腿上時巧妙的蓋住，這樣口布鋪回大腿時就不會有明顯的菜汁或口紅印記在上面。

5.女士若擔心口紅會讓水杯有一個大紅唇印避免尷尬，建議可以先用口布抿一下，且應該注意不宜在餐桌上補口紅，必要時暫時離席到化妝間整理儀容。

6.用餐途中如需暫時離席，應該跟鄰座友人示意致歉，起身將口布放在座椅扶手處或椅背上，若用餐完畢欲離席時則將口布放在桌子的左邊，也就是主餐盤的左邊（或是麵包盤上面），勿丟在主餐盤上面，特別是仍有菜餚或醬汁，也勿置於桌子右邊，因為通常該處已有許多餐具及杯子，較不適合。

適當使用口布

(二)刀叉使用方式

1. 刀叉取用順序應該是由外向內拿取。

2. 無論慣用手是左手或是右手，一般來說都是右刀左叉。

3. 吃義大利麵的擺設較特別，是右叉子左湯匙，方便將義大利麵條旋轉到湯匙上食用。

4. 叉子和湯匙都應該朝上，也就是碰到嘴巴的部分不應該緊貼桌面。

5. 不需要的餐具不要擺上桌。

6. 一般來說，飲料從右邊送上，餐點從左邊送上，同桌客人應當被同時服務（上菜時間應該同時）。

7. 使用完的餐具不要放回桌上（應置放在盤子上），讓服務生收回。

8. 享用牛排時的切法，應該先切左下角，由左往右切會最順手。

9. 用餐中途如需離席，應當對其他人示意，刀叉直接放在餐盤上，呈現國字「八」，或是刀子擺放在4點鐘，叉子擺在8點鐘方向，這樣方便回座用餐時直接取用。如果已經全部用餐完畢，則將刀叉併放同一邊在餐盤4點鐘方向，這樣可讓服務生知道你已經用餐完畢。

切牛排時由左往右切的方式較順手

用餐中的刀叉擺放　　　　　用餐結束的刀叉擺放

(三)餐桌上的禮儀

1.協助女性入座：男士為女性友人服務除了表達對該女性友人的友善
之意，最重要的是顯示自己的紳士風度，展現自身的教養和風度。

2.左撇子（left handed）：雖是左撇子也不應改變餐桌擺設，西式餐
飲維持右刀左叉，且外國人也有許多慣用手是左手。若為中式餐
點，為左手持筷，則可以禮貌地跟左邊的用餐者致意，告知對方自
己慣用左手請多包涵，如此對方也會注意給彼此多留一些空間用
餐。

3.西式餐點上菜順序（dinning sequence）：
用餐順序：前菜（Dinning sequence: hors d'oeuvre）→湯品（soup）
→沙拉（salad）→主菜（main course）→起司水果盤（cheese &
fruit）→甜點（dessert）／咖啡、茶（coffee, tea）。

西餐上菜順序

4.飲料的順序：

(1)入座時先點開胃酒（不熟悉可以點香檳），或依個人習慣點啤酒或威士忌。

(2)主菜點好之後可以點相對應的葡萄酒款，或請侍酒師推薦。

(3)主菜上菜前會有一杯沙碧（sorbet），這是讓味蕾能夠再次甦醒迎接主食，也能清除之前開胃菜的味道。

(4)主菜之後的起司水果並非飯後水果，主角是起司，因為起司可以幫助消化而搭配的水果（如少許的葡萄或哈密瓜等）可以帶出起司的風味。

(5)飯後可以搭配較甜的高酒精飲料，例如波特酒（Port）或飯後甜酒（Liqueur），例如咖啡酒（Baileys Irish Cream）。

5.沙拉應該在何時上，主餐前還是後？在美國，沙拉通常在主餐之前，常常是沙拉然後湯和麵包，然而在歐洲國家例如義大利和法國，沙拉會在主餐之後也就是甜點之前送上，是因為沙拉富含纖維，可以協助食物的消化，同時也可清新味蕾，讓腸胃道準備迎接甜點。

6.各付各的（go dutch）？

是否應該各自付帳，請考量：

(1)關係：平輩、同學或是不熟的朋友，通常各自付帳。

(2)時間：該在事先還是事後分帳，由一人統籌去付款，若有重要賓客或是長輩在場，當場拆帳是否合適，時間的考量須拿捏。

(3)地點／場合：有些餐廳不接受拆開帳單分別結帳。

(4)意義：各付各的不會有欠人情的感覺，朋友相處也不會有壓力，但在商場可能有不同的意義，因此是否各付各的，應當在餐前事先考量。

7.乾杯（toasting）：

有許多慶賀的場合需要在席間舉杯，中式和西式乾杯有所不同：

(1)中式宴席中敬酒應當由主人先邀請賓客，賓客回應，待主人沿桌敬酒完後，客人可以個別來敬酒，中式乾杯習慣碰杯，並且為了表達敬意常常需要一飲而盡。

(2)西式乾杯通常在宴席最後，會由主人說明之後邀請大家舉杯，通常並不需要碰杯，只要遙望舉杯示意即可。特別是主人珍藏的水晶杯如果碰傷了是非常不禮貌的行為，西洋電影偶有在晚宴結尾時，主人用湯匙敲杯吸引大家注意，也是一個錯誤的禮儀示範動作。當然如果三五好友在家吃飯，那麼就可以隨興所欲，碰杯盡興享用好友相聚的快樂。

好友相聚乾杯歡慶

二、西式餐桌擺設

餐飲擺設在居家宴客可以體現宴客主人的格調及品味，在餐廳則可呈現其風格及用心，美好的用餐體驗包含舒適的用餐環境與氛圍，其中最與人貼近的餐桌擺設則讓人印象深刻。餐桌擺設質感包含視覺所及、觸覺所感，從餐具到杯盤，以及餐桌上的小花瓶及鹽罐、胡椒罐，還有餐巾／口布的裝飾等細節都是餐桌擺設的元素。

(一)餐桌擺設元素

1.餐具：高級優質的餐具在於材質，如果選擇銀器必須注意定期擦拭防止銀器變黑，擺設餐具時可以戴上手套，避免手紋留在擦亮的餐具上面。

2.杯子：餐桌上會有基本必備的水杯加上合適的酒杯，酒杯的選擇搭配酒單，注意檢查杯子是否清洗乾淨，是否有髒污、異味或是有破損。

3.桌巾：桌巾需有一定的厚度避免滑動，並且拉齊對準餐桌中線，垂

西式餐桌擺設

降下來的部分避免過長絆倒客人造成悲劇。

4.口布：口布分成兩種，一為裝飾型口布，一為客用口布，裝飾型口布的造型可以很複雜漂亮，例如玫瑰花、天堂鳥是屬於餐桌上裝飾用的造型，而客用口布則是提供客人放在腿上用餐間擦拭嘴巴之用，太複雜的造型及多次折疊皺摺的方式並不合適。

口布——玫瑰花

學生課堂練習折口布

(二)餐桌擺設要點

1.刀子在右邊，叉子在左邊，刀柄向自己。

2.叉齒和湯匙向上擺放，也就是碰到嘴巴處向上不要碰觸桌布。

3.清湯使用橢圓湯匙，濃湯使用圓湯匙。

4.盤子置放在正中，上面擺放口布，麵包盤在左邊，飲料在右邊。

5.點心叉匙擺設在盤子上方，點心匙在上方朝左，點心叉在下朝右。

（刀叉擺放請學生觀賞網路影片Anna Post- How to set the table，https://www.youtube.com/watch?v=KoU1XiQJ1vo）

餐桌擺設示範

國際禮儀常用英文字彙

chopstick筷子	chopstick stands筷架	silverware餐具	utensil餐具
linen口布	tablecloth桌巾	serviette紙巾	set a table餐桌擺設
utensil/ cutlery/ silverware刀叉	placemat/ table cloth 桌墊／桌巾	serviette/ cloth napkin/ paper napkin 餐巾紙／口布	eat outside in餐具由 外往內拿
dinning sequence 用餐順序	hors d'oeuvre 前菜、開胃菜	soup湯品 salad沙拉	cheese & fruit起司水 果盤 dessert甜點

第四節　餐飲座位安排

　　餐飲座位安排是門學問，人情世故的照顧與會場布置一樣需要費心，安排上須依照客人的長幼尊卑及在場合當中的重要程度做安排，座位安排得當會讓賓客備受禮遇，如果失誤反而破壞了宴客的氣氛，應當十分用心。

　　餐飲座位安排首先需釐清尊卑之分，再依據尊卑安排桌次與座位，如下表所示。

餐飲座位尊卑順序

區分方式	尊	卑
以性別區分	女性	男性
以年紀區分	年長	年幼
以位階區分	位階高	位階低
以主客區分（拜訪）	主人	訪客
以主客區分（受邀）	受邀賓客	主人
以目的區分	客人	推銷員
以參與人數區分	團體	個人

釐清尊卑之後，須釐清左右方向，以背對著舞台也就是面向出口的方向來看右尊左卑，若以結婚的場合來看，新郎新娘背對著舞台／面向賓客而坐，主桌上新娘坐在新郎右邊，新娘右邊依序為新娘的父母親及長輩或媒人，新郎的左邊依序為新郎的父母親與長輩或媒人。其他親友桌的擺法則是，背對舞台往出口方向看，右邊桌子是女方親友，左邊桌子是男方親友。

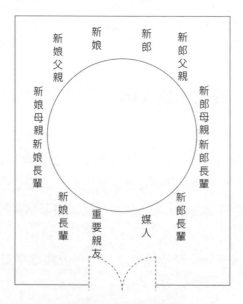

婚宴主桌座位安排

一、中式桌次安排（本資料說明參照外交部《有理走天下國際禮儀手冊》）

(一)中式圓桌排法之一

說明：男女主人（男左女右）並肩而坐，男女成對自上而下，自右而左。

(二)中式圓桌排法之二

說明：主賓與主人相對而坐，高位自上而下，自右而左。

(三)中式圓桌排法之三

說明：主人地位高於與宴賓客，且無明顯主賓時，可安排主人居中，高位自上而下，依此類推。

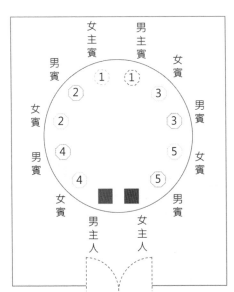

中式圓桌排法之一

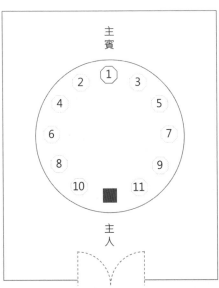

中式圓桌排法之二

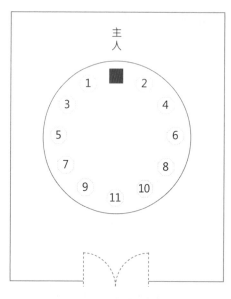

中式圓桌排法之三

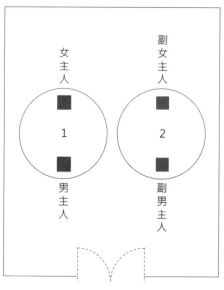

兩圓桌排法之一

二、西式桌次安排

(一)兩圓桌排法之一

　　說明：採用西式圓桌排法，男女主人對坐於第一圓桌，另設副男女主人主持第二圓桌。

(二)兩圓桌排法之二

　　說明：主賓與主人對坐，男女主人分據一桌。

(三)各種桌數圓桌排法

　　說明：從兩桌到五桌的排列方法，請見下圖所示。

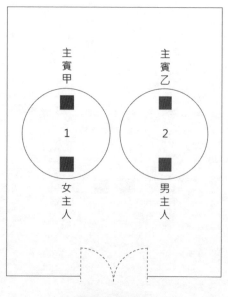

兩圓桌排法二

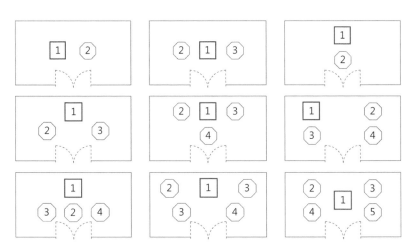

各種桌數圓桌排法

三、西式座次安排

(一)長桌排法之一

說明：賓主6人，男女主人對坐，分據兩端。

(二)長桌排法之二

說明：賓主8人，男女賓客夾坐，男士面對男士，女士面對女士。仍以靠近男女主人的位置為尊。

(三)長桌排法之三

說明：賓主12人，男女主人對坐於中央，長桌兩端為末座。

(四)西式圓桌排法之一

說明：男女主人對坐，首席在女主人右側。

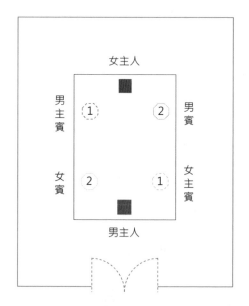

長桌排法之一

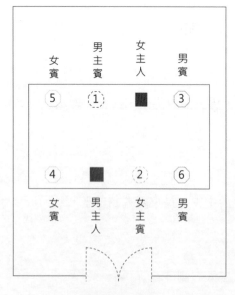

長桌排法之二

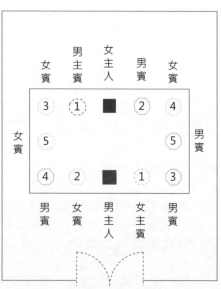

長桌排法之三

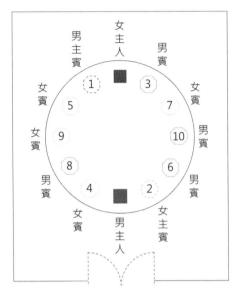

西式圓桌排法之一

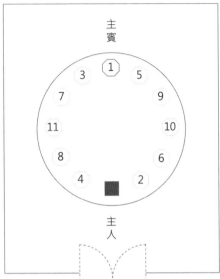

西式圓桌排法之二

(五)西式圓桌排法之二

說明：主人與主賓對坐，席次的排序由主人右側算起。

四、鐵板燒座位安排

鐵板燒是商務餐宴安排的上選，除了食材高檔、廚師現場的表演技巧、桌邊與客人親切閒聊，奢華的裝潢和到位的服務，擄獲許多本國和外國賓客的心。鐵板燒美味的原因在於食材大都沒有過多調味，鐵板的溫度極高，可以保留食物的原汁原味，在日本是上等的餐宴享受。鐵板燒的座位安排也有尊卑之分，通常在廚師正對面的幾個座位為尊位，側邊為卑位。

鐵板燒餐廳金碧輝煌的風格

廚師正對面為尊位,側邊為卑位

五、座位安排通則

座位安排是門學問,主人與賓客間的尊卑、立場及交情都應周詳考慮,以下是四個座位安排通則:

尊右原則	• 男女主人坐同桌且並肩時,則男主人在左,女主人在右 • 男女主人坐同桌且對坐時,女主人之右為首席,男主人之右為次席 • 男女主人各坐一桌時,女主人在右桌為首席桌,男主人在左桌為次席桌
分坐原則	• 國際禮儀採分坐原則,席中男女分坐、夫婦分坐、華洋分坐 • 中式宴會,席中男女分坐、華洋分坐,但採夫婦並肩而坐
三P原則	• 賓客地位(Position)、政治情勢(Political Situation)、人際關係(Personal Relationship),考慮賓客社會地位、政治立場及人際關係使宴會更融洽
裡大外小中間最大	• 席桌安排以離入口處最遠的地位最大,若席桌成一字形,則中間最大,中間席之右桌為第二桌,左桌為第三桌

座位安排通則

 課堂活動設計

1. 請教師準備中式的碗筷和西式刀叉讓學生使用。教師檢視每位學生姿勢是否正確。
2. 入席時男士應該為同行的女性友人拉椅子，教師將男女學生配對練習。
3. 實作考試設計——折口布：請學生折至少四種口布，注意口布分為 decoration linen（裝飾用口布）及 dining linen（餐飲用口布），重複折疊複雜的方式較適合做裝飾用。

　　餐飲用口布摺法樣式有：(1)步步高升（法國摺）；(2)濟公帽；(3)和服；(4)靴子；(5)雨後春筍；(6)土地公；(7)星光燦爛。
　　裝飾用口布摺法樣式有：(1)玫瑰花；(2)天堂鳥（裝飾在水杯上面）；(3)蓮花座（放在銀器或茶壺下面）；(4)刀叉套／菜單套（放置刀叉／菜單用）。

延伸閱讀

山本素子（2021）。《日本文化的圖解小百科：如何過年、過節、品茶道，專為外國人解說的文化小百科》。原點。

告訴你筷子的最正確用法，有80％的人都搞錯方式了！，https://clickme.net/32263

林雨荻（2011）。《禮儀實務》（四版）。華立圖書。

林慶弧（2013）。《國際禮儀》（二版）。新文京。

連娟瓏（2019）。《國際禮儀》（七版）。新文京。

Chapter

5

飛機上的餐飲

第一節　機艙餐飲的歷史

第二節　機艙餐飲服務

第三節　機艙餐飲禮儀

根據外交部統計，2018年國人出國全年累計超過1,600萬人次，根據觀光局調查旅行目的當中，國內商務旅行占兩成，觀光旅遊占八成，而國外旅行中商務目的僅占百分之三，其餘均為觀光旅遊。2019年底疫情爆發，國人旅遊快速銳減至年出國250萬人次，2020～2021年連續兩年疫情持續重創旅遊業，各國紛紛關閉國門，除了必要之探親及商務目的外，政府在防疫政策上大力宣導不出國，再加上入出國繁瑣的檢疫及核酸檢測，還有隔離措施衍生的防疫旅館費用，諸多因素影響之下，大大降低國人出國意願。但離島澎湖、金門、馬祖旅遊人數卻創新高，觀光局統計，疫情使國內旅遊變夯，不能出國反而帶動國內觀光，被稱為「偽出國」，2020年國人旅遊澎湖已達130萬人次，其中空運有105萬，海運有25萬人次，顯見國人喜歡搭飛機的程度，航空公司也為了一解國人想念搭乘飛機的樂趣，特別提供「偽出國航程」、「不落地航班」，也算是航空業中令人驚奇的創舉，究其原因是因為搭乘飛機中最令人期待的「飛機上的餐飲服務」。飛機上的餐飲歷史經歷一個世紀，餐飲特色也因飛機科技的進步與飲食風潮的變化，還有養生概念的風行而不斷演化。

長榮航空偽出國行程

資料來源：《今周刊》

第一節　機艙餐飲的歷史

　　飛機最早僅為軍事用途，二次大戰期間不少城市興建了機場，無情的戰爭卻也令航空科技大幅進步。飛機使用在商業載客是在1920～1930年代開始，當時最成功的飛機是道格拉斯公司的DC-3，其高載量為航空史寫下新的一頁。不同年代機艙飲食風潮的改變、烹調方法的創新，和對「高級」飲食的定義及追求不同，為航空餐飲寫下精采的篇章。

一、1919年

　　最早提供餐飲的是亨德里‧佩奇航空（Handley-Page Transport，後為蘇格蘭航空），1919年10月11日從倫敦飛往巴黎的航班上提供冷餐盒，這個時期都以飛機載重為考量，飛機上也尚未有煮食加熱的設備，因此只提供冷的食物，包含冷三明治、冷的炸雞和水果沙拉等，歐洲航班則有較豪華的冷餐點，包含龍蝦沙拉、冰淇淋、起司水果盤和香檳，當時因為搭飛機旅行並不很常見，因此餐點也大都很少變動。

二、1922年

　　戴姆勒航空（Daimler Airways，後為英國航空的一部分）讓空姐提供果汁來迎接登機的乘客，開始了「迎賓飲料」的服務。

三、1936年

　　美國聯合航空公司（United Airlines）推出「世界第一個空中廚房」，空姐在飛機上提供菜單及準備熱餐，並留意飛行高度對食物口感的影響。泛美航空（Pan American World Airways，簡稱Pan-Am）機上甚至

美國環球航空機上服務

資料來源：travelandleisure.com

有餐廳，鋪上白色桌巾迎賓並提供乘客自助餐。由於當時人們對高空飛行尚未熟悉習慣，有些人搭飛機會緊張害怕，而食物以及空姐的服務可以為乘客帶來撫慰。此時期由於飛機仍仰賴人眼的視線導航，飛行高度維持較低，因此也比較容易遇到亂流而導致食物灑出，因此有些航空公司會利用在地面上加油時於停機坪讓客人享用餐點。

四、1946年

二次大戰期間考量冷餐盒的選擇性有限且營養方面不利於前線士兵的身體健康狀況，因此設計冷凍食物再加熱的方式提供給長程飛行的軍隊，在戰後美國環球航空（Trans World Airlines，簡稱TWA）將此冷凍製作方式使用在飛機上，製作後快速冷凍然後包裝運送提供機上餐飲服務，開創了飛機餐冷凍再加熱的方式。

五、1950年

　　泛美航空（Pan Am）提供高級餐飲，穿著制服的空服員在餐桌間服務，有高級的瓷盤及正式的餐桌擺設，從紐約（New York）及巴爾的摩（Baltimore）飛往百慕達（Bermuda）的航程當中提供整套的法式饗宴，美商西北航空公司則推出VIP貴賓室——富士山室（Fujiyama Room），裡面提供水果、起司、鳳梨鑲蝦等餐點。

西北航空貴賓交誼廳

圖片來源：northwestairlineshistory.org

六、1950～1960年

　　1960年代飛機款式更多也飛得更快更遠，飛機載客量也變多，泛美航空與法國巴黎著名餐廳——巴黎美心（Maxim's）聯名於機上提供法式佳餚，隨後泛美航空開始打造飛機上的頂級餐飲享受，在頭等艙提供總統級的服務，從開胃菜開始到主菜、甜點，打造完整的餐飲享受。

七、1973年

　　這個時期的餐點選擇達到巔峰，因為航空公司推出了「頭等艙」，

飛機上的頂級餐飲享受

資料來源：Reader's Digest

法國航空機上餐飲

資料來源：lovefood.com

頭等艙的食物服務流程大約需要兩小時，相對比經濟艙只需要三十分鐘。法國主廚與法國航空合作調整機上餐點的配方，高空飛行基於緊張所產生的賀爾蒙變化、高空氣壓造成味蕾不敏感，再加上乾燥的空氣使得鼻道對於食物不靈敏等因素，人類的味蕾產生了變化，因而設計出更適合

在高空的口味，現在機上餐點往往過油過鹹等為人詬病也是基於這些因素。同時間機艙餐點大幅升級，例如新加坡航空公司也與明星主廚合作提供更精緻的空中美食；隨著法國「協和號」（Concorde）飛機的出現，機上餐飲達到了一個全新的高度，協和號的乘客在機上品飲著上等香檳與頂級松露及龍蝦。

八、1973～1980年

二次世界大戰之後廉價航空出現，隨著西南航空（Southwest Airlines）的崛起，開始在飛機上提供花生作為旅途中的點心，直到2018年，由於部分旅客對花生過敏的考量，全面停止供應花生。

九、2003年

航空公司引進隨機廚師（onboard chef）為機艙餐點寫下另一里程碑，航空公司延攬四星或是五星級飯店大廚，甚至是米其林三星餐廳廚師上飛機，為機上頭等艙商務客艙客人做桌邊服務，這些廚師除了精益餐飲廚藝之外，也需要瞭解飛機上設備的不足，以及瞭解高空中味蕾的變化，才能為客人送上如同在餐廳享用的最優質的餐點。目前有隨行廚師的航空公司為：

1.阿提哈德航空（Etihad Airways）。
2.波灣航空（Gulf Air）。
3.奧地利航空（Austrian Airlines）。
4.土耳其航空（Turkish Airlines）。
5.嘉魯達印尼航空（Garuda Indonesia）。

阿聯酋航空在杜拜擁有世界最大的空廚設施，每日提供225,000個餐點，每年提供超過8,200萬機上餐飲，空廚當中有69位來自全世界各地的廚師，擅長烹調世界各國料理。

耳其航空公司隨機廚師

十、2019年

新加坡航空打破有關飛機食品的定義,將位於紐澤西州紐瓦克自由國際機場附近的一家廢棄鋼鐵廠打造成全世界最大的垂直農場,為機上餐點提供無農藥綠色蔬菜。

新加坡航空位於美國紐澤西的空中農場AeroFarms

資料來源：aerofarms.com

為確保飛航安全航班全面禁菸

　　值得一提的是，旅客搭乘飛機選擇座位喜好（seat preference）除了可以選擇靠走道（aisle seat）或是靠窗戶（window seat）之外，早期飛機尚分成吸菸區座位（smoking seat）與非吸菸區座位（non-smoking seat），後來基於空服員健康因素考量以及菸蒂造成飛航火警災害兩大因素，全世界航空公司於1990年陸續開始制定國內線飛機全程禁菸，直到1998年開始全世界國際線航班也陸續全程禁菸。

早期在飛機上可以吸菸

資料來源：quitgenius.com

第二節　機艙餐飲服務

　　飛機艙等主要分為三個等級，分別為頭等艙（first class）、商務艙（business class）和經濟艙（economy class），某些航空公司另有豪華經濟艙（premium/ deluxe economy class）等級，是介於商務艙與經濟艙之間；各級艙等票價不同，一般來說商務艙是經濟艙的兩倍，頭等艙是商務艙的兩到三倍，但隨著飛行地點及航空公司策略不同價格也會有所差別。飛機機艙的等級主要在於整體服務，包含有形（tangible）和無形

（intangible）的感受，除了硬體設備的豪華程度、座椅舒適度與服務尊榮程度，最令人期待的就是機上餐飲服務了。各個艙等服務差別在餐食的取材用料豪華程度或是名廚的知名度，還有服務的細緻度。以大飛機或長程航班上的空服員配置來說，一般是1：5（一個空服員服務五位客人），再加上座艙長額外的協助會讓整體的精緻度與客製化達到高標準，而商務艙是1：20，經濟艙則是1：40，因此在服務流程與繁瑣度都需要精算以達到各艙等應有的水準符合客人的期待，本節介紹各艙等的餐飲服務。

一、頭等艙

頭等艙機票價格不菲，頭等艙貴賓通常社經地位較高，對於服務有相對高標準的期望，特別在機上服務的部分。不管是機上餐飲品質或是空服員的服務水平都要達到頭等艙水準，細緻且到位，讓貴賓感受到「尊崇」。

(一)迎賓香檳（greeting champagne）

客人上機時，協助頭等艙貴賓將行李放好，衣帽掛好之後隨即奉上一杯香檳或是一杯Mimosa（香檳加柳橙汁），再搭配堅果盅，有些飛往度假島嶼的航班也會附上點綴小雨傘的雞尾酒，讓貴賓還未到目的地就已經開始享受度假放鬆的感覺。如果客人需要其他飲料，當然也可以客製化提供客人想要的飲料。

迎賓香檳

資料來源：mindfulmoctail.com

(二)起飛後的餐飲服務

1.提供熱毛巾（hot towl、おしぼり）。

充滿熱帶島嶼風的迎賓香檳

資料來源：pretty-palate.com

2.座艙長親自一一招呼並詢問客人喜好的飲品。

3.為客人翻開折疊桌，鋪上桌巾，端上飲品。

4.推出第一台餐車（飛機上特殊服務的三層餐車稱為queen cart）為客
　人擺設餐桌（table setting），依序將鹽和胡椒罐、刀叉、水杯、酒
　杯、裝飾盤、麵包盤等細項一一從餐車擺到客人桌上。

5.以餐車送上沙拉盤，客人可以從餐車上看到各式沙拉醬選項
　（dressing），空服員為客人淋上喜好的沙拉醬汁，依客人喜好加
　上麵包丁（croutons）、刷起士和胡椒。

6.以麵包籃提供麵包，補充客人品飲的香檳、葡萄酒和各式飲料。

7.提供開胃菜（冷盤或熱盤），冷盤燻鮭魚、頂級魚子醬、鵝肝醬
　等，熱開胃菜例如烤蟹餅等。

8.以餐車的方式提供主菜，特別是牛排車會以烤好的整塊牛排放在
　餐車上推出，依客人喜好的熟度做現切服務，中段大約是rare to
　medium rare，兩邊則是medium to well-done。淋上客人挑選的牛排
　醬汁（通常為蘑菇醬或是黑胡椒醬），客人可以選擇喜歡的配菜和

澱粉類主食,從餐車上一一夾到客人的餐盤上。

9. 每一道餐點都有搭配適合的葡萄酒,隨時提供客人依喜好做選擇轉換。

10. 主餐過後要將客人桌上的餐具或剩餘食物全部收回,讓桌子保持整潔,如果有麵包屑需要為客人整理乾淨,然後推出起司水果盤推車,車上擺有各式起士選項,依客人喜好口味及分量現切服務,水果通常為搭配起士的葡萄或是挖成球型的哈密瓜等,水果盤上面則有各式切好的水果。

11. 最後推出最令人驚豔的甜點與水果餐車,車上通常會有不同種類的整顆蛋糕,依客人喜好在現場做切片,如果提供冰淇淋則會有各式搭配的配料,例如巧克力醬、杏仁片、捲心酥餅等,依客人喜好及分量撒上,最後再擠上鮮奶油。

12. 最後一台餐車就是飯後飲品,包含飯後酒(如波特酒Port)及飯後甜酒(如奶香酒Bailey's Irish Cream),還有咖啡和茶品。

13. 收回桌上所有剩餘餐食、餐具及桌巾,為客人收起餐桌。

頭等艙的飯後起司水果盤餐車

資料來源:liveandletsfly.com

依照上述頭等艙的服務，完整餐點將餐車服務做完需要約兩小時，但現在頭等艙服務都已精簡，有許多航空公司甚至已取消頭等艙的設置，因為搭乘的乘客並不多，此外現在的飲食潮流也已經傾向更健康精簡的食物，因此早期這樣精緻繁瑣的服務已經越來越少見。需注意的是服務頭等艙必須隨時注意對每一位客人的禮貌，稱呼不應只有先生／女士，而是要冠上姓（last name），以示尊崇。

二、商務艙

商務艙的客人通常為商務拜訪、出差，也是最忙碌高壓的一群客人，因此在商務艙的服務必須考量客人的屬性，提供「恰到好處」的服務，商務艙的客人數大概是頭等艙的3～4倍量，但服務的空服員數跟頭等艙差不多，因此尊榮和迅速必須兼顧。一般來說，商務艙的餐點大都是以大餐盤（tray）的方式服務，比起頭等艙是用餐車將物品一個一個擺到客人桌上這樣的精緻服務，商務艙的方式是折衷式，讓所有流程以有效率的方式完成。

(一)迎賓香檳

在登機時的迎賓飲料，跟頭等艙相同會提供香檳或是Mimosa，但頭等艙使用標準型的高腳香檳杯，在商務艙大都使用ISO杯尺寸的小杯子，空服員主動端上香檳、柳橙汁或水，讓商務艙客人一上飛機即可喝一點飲料解渴放鬆。

(二)起飛後的餐飲服務

1.商務艙資深空服員／事務長（通常負責商務艙廚房事務）一一招呼並詢問客人喜好飲品。
2.幫客人鋪上桌巾。

聯合航空787墨爾本飛舊金山商務艙

資料來源：Photo: Wayne Slezak

3.以大餐盤方式送出餐食，空廚已經預先擺好應有的擺設，包含鹽、胡椒罐、餐具、沙拉或開胃菜。

4.以麵包籃提供麵包，補充客人品飲的香檳、葡萄酒和各式飲料。

5.留著大餐盤僅收回已使用的沙拉或開胃菜盤，並送上主餐。

6.收回大餐盤，送上小餐盤（上面有甜點或水果盤），服務咖啡、茶或飯後甜酒。

7.收回桌上所有剩餘餐食、餐具及桌巾，為客人收起餐桌。

三、經濟艙

(一)無迎賓飲料

經濟艙旅客人數眾多，在登機時不提供飲料，但旅客可以主動要求開水。此外，在經濟艙都是使用一次性即丟塑膠杯。

星宇航空機上餐點，米其林一星食物入列

資料來源：LaVie行動家

(二)起飛後的餐飲服務

1.後艙長（aft-purser）通常也是負責廚房的人，依照特殊客人名單 SPIL（special information list），一一確認乘客預訂的特別餐，確認沒有換位子。

2.超過兩小時以上的航程，在供餐前會提供一輪飲料服務，空服員一人推著半式推車（half cart）也就是飲料車，或是兩人共推全式飲料車（full cart），在走道服務，飲料車裝滿了各式冷熱飲品、杯子、餐巾紙、小點心。

3.空服員優先送出特別餐，避免後續送餐時因忙中有錯，這些特別餐都已標註該乘客名字及特殊餐種類。

4.空服員推餐車，內有13～14層，每層可放三個餐點，餐盤由空廚預先準備，有基本餐具、沙拉、甜品、咖啡杯等，熱餐的部分是起飛後空服員於機上廚房加熱後放入餐盤上做服務。一般來說，經濟艙的餐食會有兩種選項，例如：牛肉搭配馬鈴薯、雞肉搭配義大利

空服員提供飲料

資料來源：istockphoto.com

麵。至於提供的餐點是早餐、午餐或是晚餐，則依起飛地的時間決定。

5.餐點全部送完之後，空服員會以手持咖啡、茶在走道上做續杯。

6.空服員推出空的餐車回收餐盤及使用完的餐飲服務品項。

原則上，國際線航程所有飲品均不需要再付費，包含酒精性飲品，如葡萄酒、調酒及啤酒等。國內線航程則只提供基本飲品，酒精性飲料通常需額外付費。某些航程進出回教國家則一律不可以提供酒精性飲品，有趣的是飛機離開這些國家的領空之後，座艙長會做廣播開始提供酒精飲品。值得注意的是，客人若酒量允許，是可以無限量點酒精飲品，但不可以打開自己的酒無限開喝！這是因為空服員在提供酒精飲品時會隨時關注乘客的狀況，以免失控。

第三節　機艙餐飲禮儀

飛機硬體設備的發展與飛航安全性讓機艙餐飲到達完備的境界，但

無論如何飛機仍然是交通工具，不同於地面餐廳那樣便利，在搭乘飛機時留意應有的機艙餐飲禮儀，體諒空服人員的辛勞與不便，與鄰座客人互相尊重是機艙餐飲禮儀的重點。特別是在如經濟艙擁擠的空間當中，自然無法盡情方便地享用餐點，但如果能夠預先熟悉機上設備、機艙服務的順序以及提供的項目，想必也能夠享受當下的便利及樂趣。茲將機艙飲食禮儀注意事項，依搭機前、中、後討論如下：

一、搭機前

(一)預訂特別餐（special meal）

預訂特殊餐點請考量出發地及飛航目的地不同，一般航空公司的特別餐大約需提早兩天前預訂。飛機上的特殊餐包含：

◆嬰兒餐（baby meal）

適合1歲以下嬰兒，每餐有三瓶嬰兒主食（例如Gerbert或Heinz的肉泥、水果泥等）或是罐裝奶水等適合嬰兒食用的產品。

飛機上提供的嬰兒食品

◆兒童餐（child meal）

適合2～7歲兒童，分量會比成人少，首選食物中咬食方便、可以手拿以及對孩子較有吸引力的食物，例如漢堡、雞塊、布丁等產品。

◆宗教餐（religion meal）

1. 非素食印度餐（Hindu meal）：包含肉類（羊肉、家禽）、魚或乳製品。適合不食用牛肉、小牛肉、豬肉、燻魚和生魚片的非素食旅客，口味通常辛辣或含咖哩。

2. 猶太餐（Kosher meal）：採預先包裝和密封的食物，含有肉類。服務前必須先詢問用餐者是否可以拆封為其做烹煮的動作，雖然必定會得到客人首肯，但此動作不可省略，代表尊重。

3. 亞洲素食（Asian vegetarian meal）：餐點不含肉類，但不保證在辛香料或配菜上面採台灣所理解及預期的素食方式，例如不使用蔥和蒜去做烹調。如果為大中華地區出發的航班例如台灣，通常都會留意此細節。

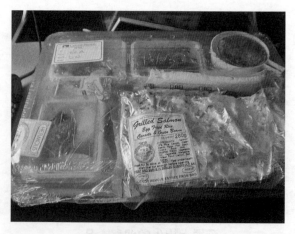

密封的猶太餐

資料來源：wikimedia.org

4.西方素食（western vegetarian meal）：不含各種肉類，亦不含乳製品，但採西式烹調。

5.病理餐（meal for special patient care）：

(1)糖尿病餐（diabetic meal）：不含糖，少鹽。

(2)無麩質餐（gluten free）：無任何的小麥、黑麥、大麥、燕麥。

(3)低卡路里餐（low calorie meal）：少脂肪、醬料、肉汁、炸食，少量糖調味食品。

(4)低纖維餐（low fiber meal）：限量纖維餐（例如水果、豆類、蔬菜、帶麩穀類產品）。

(5)低乳糖餐（non-lactose meal）：不使用含有牛奶、固體奶、乾乳酪、乳酪、奶油、牛油、乳糖和人造奶油的食品。

(6)低鈉無鹽餐（low sodium meal）：無天然鹽味和添加鈉的加工食品（例如發粉、蘇打、味精），在製作過程中不加鹽。

6.非牛肉餐（non-beef meal）：台灣人民感念早期牛隻協助耕田，有恩於農民因此不吃牛肉，外商航空公司進到台灣這樣的市場也順應地方特殊狀況提供這樣非牛肉的餐點，通常以雞肉或海鮮取代主食。

　　有關特別餐的選項可以在航空公司的網頁中做選擇，新加坡航空公司提供的選項算是航空業中較為完備的（如下頁表）。

(二)旅客自己攜帶的餐點

　　旅客有時會選擇攜帶自己的餐點，如果在旅途當中需要冷藏，航空公司早期多會予以協助，後來因為衛生安全疑慮不能確認內部食物品項，因此多會婉拒。旅客應留意食物在室溫下保存容易滋生細菌造成食安疑慮，在旅行當中若身體不適，將影響旅遊心情也會造成很多不必要的困擾，且不如台灣方便可以使用健保，在國外恐產生高昂的醫療費用。旅客

新加坡航空公司機上餐點內容

餐點名餐 英文代號	餐點內容
幼兒與嬰幼兒餐點	
幼兒餐點 BBML	此餐點適合1歲以下嬰兒，包括3罐（每罐約80克／3盎司至110克／4盎司）幼兒食品——主食、蔬菜、點心
兒童餐點 CHML	此餐點適合2歲至未滿12歲的兒童，提供西式主菜，其中可能包含牛肉、雞肉、魚肉、義大利麵、蔬菜、巧克力、薯片、餅乾、牛奶與乳製品、水果及果汁
特殊宗教餐點	
印度教非素食餐點 HNML	此餐點非素食，且含肉類（羊肉、家禽類）、魚肉或乳製品，適合不吃牛肉、小牛肉、豬肉、燻魚及生魚片之旅客。此餐點口味通常為辛辣或含咖哩，備餐與烹調方式則可能各不相同
猶太認證餐點 KSML	此預先包裝（密封）餐點係依據猶太教規定準備，含肉類。 *預先包裝且密封；最晚請在航班出發前48小時申請。航程為1.5小時以內航班的旅客，一律為冷盤方式供應
回教餐點 MOML	此餐點於備餐時未使用任何酒精、豬肉、豬肉副產品、火腿或培根等食材。備餐與烹調方式則可能各不相同
素食餐點	
印度素食餐點AVML	此餐點係印度式非嚴格素食餐點，通常為辛辣食物，且不允許使用任何肉類、海鮮或蛋類食材。此餐點可能包含乳製品
耆那教素食餐點 VJML	此餐點為適合耆那教徒食用之印度式餐點，通常為辛辣食物，不允許使用任何肉類、海鮮與蛋類食材。此餐點亦不使用洋蔥、大蒜、薑、蘑菇與根莖類蔬菜
東方素食餐點VOML	此餐點通常為中式餐點，不含肉類、海鮮、蛋類與乳製品
嚴格素食餐點VGML	此餐點通常為西式餐點，不含肉類、海鮮、蛋類與乳製品
蛋奶素食餐點VLML	此餐點通常為西式非嚴格素食餐點，包括蛋類與乳製品，惟不含所有肉類與海鮮
飲食禁忌餐點	
清淡餐點 BLML	此餐點於備餐時不使用可能導致胃部刺激之食材，譬如：黑胡椒、辣椒粉、可可亞與酒精
適合糖尿病患之餐點 DBML	此餐點於備餐時不使用糖類食材，惟可使用少量鹽分
水果餐FPML	此餐點僅供應新鮮水果
無麩質餐點GFML	此餐點不含任何種類的小麥、裸麥、大麥及麥麩（包括可能包含此等原料的食材）

新加坡航空公司機上餐點內容

餐點名餐 英文代號	餐點內容
低脂肪餐點LFML	此餐點不使用動物性脂肪或油膩食物，並盡量避免具有高膽固醇之食物（譬如蝦子以及所有種類家禽類外皮以及各式各樣的油炸食物，僅使用低脂肪乳製品（譬如脫脂乳或茅屋起司）、瘦肉類以及多元不飽和液體蔬菜油
低乳糖餐點 NLML	此餐點不含包括牛奶、脫脂奶粉、酪蛋白、起司、乳脂、奶油、乳糖以及人造黃油
低鹽餐點LSML	此餐點於備餐時避免使用或僅使用少量鹽以及含鹽之天然及加工食品（譬如發粉、蘇打粉及味精）
其他餐點	
海鮮餐點SFML	此餐點僅供應海鮮，包括魚肉

資料來源：新加坡航空網頁。

如果在機場購買外帶餐點也建議在機上及早享用完畢，也不應該請空服員幫忙加熱自己攜帶的餐點，一樣是衛生安全考量，因為不知道乘客食物內容物，也不知道是否曾經食用過，恐會污染飛機上烘烤設備，並且這也不是空服員的工作範圍。

最近流行狂牛症，請問你們牛肉餐是用哪一國牛肉？

　　航空餐點會提早製作，快速冷凍備用，因此可能旅客所享用的主食餐點是好幾個月前已經製作完成。有時旅客會擔心例如狂牛症或是口蹄疫等疫情，但飛機餐是可以不需擔心，航空公司會確保餐點的安全性，政府對空廚也有高標準，畢竟在高空中若有病人需要就醫，必須臨停在最近的國家和機場，若所在領空無法降落，恐對生病旅客造成極大的威脅。

二、搭機時

1. 旅客用餐時應當將自己用完的餐具大略收拾好方便空服員做整理回收，但也毋需特別刻意的協助，例如扮演空服員在走道上幫忙收餐盤或是將餐盤中的小盒子併起來後將小盒子堆疊上去，反而使得空服員無法順利地將餐盤放回為餐車軌道上，原本的好意反而幫了倒忙。

2. 無論主餐或是旅途當中的三明治餐盒，原則上都應當及早食用不宜久放，更不適宜攜帶下機，特別在某些國家禁止攜帶某些農產品，例如美國不可攜帶肉類及某些農特產品，若因不慎反而違法或是遭受罰款，真的是得不償失。在Covid-19早期爆發時，旅客因攜帶飛機上的餐點下機被重罰案例，無心之過真的得不償失。

3. 飛機餐點通常會有二至三種主餐選項，原則上航空公司都希望盡量提供旅客想要的餐點，但有時餐點數有限無法滿足旅客要求，此時不應當對空服員生氣，如果自知對某些食物過敏無法食用或自身有對食物的特殊喜惡，應當在出發日之前預訂特別餐，但若已在旅途

飛機餐帶下飛機罰款20萬元

資料來源：蘋果日報。

藝人入關帶水果遭罰

資料來源：東森新聞。

　　當中發生此狀況，可以客氣請空服員協助，長程航班則可請空服員
在發送第二餐時預留自己喜歡的餐點。

4. 在飛機上如果個人因食量很大，一份餐點不夠可以客氣跟空服員要
求第二份，但通常會需要等候所有旅客都拿到餐點之後確認有足夠
的餐點才會提供，即便已沒有剩餘餐點，空服員也都會提供額外的
麵包。

5. 預訂特殊餐點的旅客應當審慎，以實際有該餐點需求來訂餐，例如
非兒童卻要求兒童餐，或是要求特殊餐點之後（例如水果餐）卻反
悔不願意吃，會導致整個航程沒有東西可以吃的窘境，但如果仍然
有多餘的餐點，可以客氣跟空服人員要求更換。

6. 有一些特殊氣味的食物禁止攜帶上機，例如榴槤會有強烈的氣味，
因此多數航空公司明文禁止；其他味道較重的食物雖無明文規定但
也應當自行留意，以免鄰座客人困擾，因此上機前應當提早瞭解，
再決定是否要帶食物上飛機。

7. 旅客攜帶嬰幼兒同行應當預備嬰兒習慣的配方奶，因為飛機上的全
脂牛奶或是低脂牛奶並不適合年幼的嬰兒，需要空服員協助泡牛奶
時也應當客氣地要求並告知需要的冷熱水比例，同時必須提供乾淨

的奶瓶，不應當命令空服員洗奶瓶，因為空服員並未接受這方面的
專業訓練不能保障自家孩童的飲食安全。

8. 國際航班上的酒精飲品一般都是無限量暢飲，旅客應當依自己的酒
量撙節品飲，切勿貪小便宜在飛機上豪飲或是與同伴飲酒作樂，
結果樂極生悲，高空中因為艙壓影響會導致酒精耐受度（alcohol
tolerance）降低，但乘客大多不自知導致到達目的地之後酒醉不起
或是酒後亂性，有時還要出動航警協助，且會變成航空公司的黑名
單，永遠不可搭乘。

9. 飛機途中所提供的酒精飲料不可攜帶下機，因為各機場對攜帶入境
的酒精都有限量，過量攜帶可能扣稅；而有些國家為回教國家，不
允許攜帶酒精入境，例如沙烏地阿拉伯以及度假勝地馬爾地夫，旅
客入境務必先詢問瞭解，以免觸犯當地法規。

10. 在飛機上點酒精性飲料，按照規定空服員必須檢查旅客身分證
明，不同國家法律規定可以飲酒的年紀不同，請注意並非哪一個
國家公民就是依據哪一國的飲酒年齡規定，因為飛機是採「屬
地」制，也就是一旦進入這架飛機等於進入飛機所屬的國家領

藝人鄭中基醉酒鬧事

資料來源：topick.hket.com

土，例如台灣可以飲酒年齡是18歲，假設搭乘美國航空公司則可以喝酒的年齡是21歲，所有飛機上的旅客不管是哪一個國家的公民都是用美國法規21歲才能飲酒。同樣的，如果觸犯法律也是引用飛機所屬國的法律處罰之，旅客千萬不可輕忽。

三、搭機後

1. 飛機準備下降時應把握時間整理行李，以及到化妝室整理自己的儀容，特別是長途航班十幾個小時，歷經用餐、睡覺，特別需要刷牙梳洗整理門面。頭等艙和商務艙旅客會收到過夜包（overnight kit/amenity kit），而經濟艙旅客也應當自己備有隨身攜帶的個人盥洗用具，提早到洗手間將自己梳整好，才能保有口氣清新。

2. 檢查周遭自己的私人物品是否收好，用過的機上毛毯或是看過的報紙雜誌都應當稍作整理，周遭環境略為收拾才不會給同行旅客邋遢的壞印象，畢竟這是個人的品德修養，出國代表的不但是自己，也是國家與種族的刻板印象，整理好周邊的東西也可以確認自己沒有遺漏物品。

3. 飛機尚未食用完畢的食物建議不帶下飛機，進入目的地國家前再次檢查身上是否有違禁品（包含農產品），可以選擇在飛機上吃完或者丟棄。

4. 飛機尚未停妥不應該立即起身爭先恐後的下飛機，以免因突發狀況飛機臨時煞車而摔倒受傷。下飛機時再次檢查自己的隨身行李，遇到機組人員鞠躬致謝時，也要記得回報一個微笑說聲謝謝。

課堂活動設計

1. 不同艙等的服務，差別在哪裡？有型（tangible）和無形（intangible）分別有哪些？
2. 請同學分享搭乘飛機的經驗，喜歡和不喜歡的原因。
3. 請同學試著查看看各國可以飲酒的年齡。
4. 請同學討論搭機可以帶和不能帶的物品。

延伸閱讀

17 Milestones in the History of Airlines' In-Flight Meals, https://skift.com/2013/10/11/17-milestones-in-the-history-of-airlines-in-flight-meals/

Foss, R. (2015). *Food in the Air and Space*. Rowman & Littlefield.

The history of In-Flight Dinning -Reader's Digest, https://www.rd.com/list/history-of-inflight-dining/

The most decadent airline menus throughout history, https://www.lovefood.com/gallerylist/70748/the-most-decadent-airline-menus-throughout-history

The Secret to Singapore Airlines' Delicious Meals is an Indoor, Vertical Farm in New Jersey, https://www.aerofarms.com/2020/02/27/the-secret-to-singapore-airlines-delicious-meals-is-an-indoor-vertical-farm-in-new-jersey/

What Airplane food look like through the decades-Travel and Leisure, https://www.travelandleisure.com/airlines-airports/old-airline-meals

飛機餐豬肉卷沒吃帶下飛機，她打官司像洗三溫暖！最後慘噴這麼多錢，https://tw.appledaily.com/local/20210720/VXEGQ7WSX5GF7CNPVMKM5KP5OU/

新加坡航空特殊餐點，https://www.singaporeair.com/zh_TW/hk/flying-withus/dining/specialmeals/

鄭中基重提18年前飛機鬧事，飛機急降要賠好幾百萬，https://topick.hket.com/article/2043712/

Chapter

6

宗教類型與餐飲禮儀

第一節　基督教

第二節　伊斯蘭教

第三節　印度教

第四節　佛教

　　根據World Population Review 2021（世界人口綜述2021），在2020年統計全世界四大宗教排名分別是基督教（Christianity）有23.8億人口，回教（Islam）有11.6億人口，印度教（Hinduism）有11.6億人口，佛教（Buddhism）有5.07億人口，這些不同宗教在飲食上面有什麼特別之處？如何影響著人民？在與這些宗教信仰的友人來往的時候，能夠理解並尊重其不同宗教的飲食習慣，進而自然的融入並且行禮如儀，特別在飲食上面不違背人民堅信不移的信仰，在接待不同宗教的賓客時也能待之以禮，盡可能為其設身處地著想。本章節整理出信仰人口最多的四大宗教，對於宗教若有基本的認識，在應對與接待不同宗教的友人或商務上的夥伴將有所助益。

世界主要宗教與分布地區

宗教	分布地區
基督教 Christianity	主要分布在歐洲、美洲、大洋洲、韓國、撒哈拉以南非洲和菲律賓
伊斯蘭教／回教 Islam	中東、北非、中亞、南亞、西非、巴基斯坦、孟加拉、馬來西亞、印尼。此外，在東非、巴爾幹半島、俄羅斯、歐洲和中國大陸也分布不少信徒
印度教 Hinduism	印度次大陸、斐濟、蓋亞那、千里達及托巴哥、歐洲、模里西斯、蘇利南、峇里、澳大利亞、北美洲和東南亞
佛教 Buddhism	印度次大陸、斯里蘭卡、東亞、東南亞、港澳、台灣、中國大陸、中亞和俄羅斯部分區域，以及西歐、北美洲、大洋洲等
道教 Taoism	中國大陸、港澳、台灣、新加坡、馬來西亞，甚至整個漢字文化圈（日本、韓國、越南）都有道教的分布
錫克教 Sikhism	印度次大陸、澳大利亞、北美洲、東南亞、英國和西歐
猶太教 Judaism	以色列和猶太人聚居區（主要在北美洲和歐洲）
巴哈伊信仰 Gaha'i	分布在全世界，但60%信徒主要分布在印度、美國、越南、肯亞、剛果、菲律賓、尚比亞、南非、伊朗和玻利維亞
耆那教 Jainism	印度和東非

世界主要宗教與分布地區

宗教	分布地區
儒教 Confucianism	中國大陸、台灣以及整個東亞地區都受到儒家思想的巨大影響
神道教 Shinto	日本
高台教 Cao Dai	越南（高台教是越南各種宗教的綜合體，在越南盛行的東西方各種宗教包含：佛教、天主教、基督教、道教、儒教全都揉和在一起，主張「萬教大同」諸神共處。
天道教 Cheondogyo	朝鮮半島
一貫道 I-Kuan Tao	台灣
非洲傳統宗教 Africa Traditional Religion	非洲
美洲傳統宗教 American Traditional Religion	美洲
其他民間信仰	印度、亞洲

第一節　基督教

　　基督教（Christianity）是目前全世界信徒最多的宗教，大約有二十億，遍布在各大洲。基督教原本是猶太教的一支，在耶穌基督從死裡復活、昇天、賜下聖靈，祂的門徒建立基督教會之後，基督教才逐漸從猶太教中分離出來。基督的英文Christ是從希臘文Χριστός（音譯Christos）而來，與猶太人使用的希伯來文「彌賽亞」（Messiah）同義，指的是一位拯救世人的「被油膏抹者」（anointed one），為耶穌的頭銜。

　　基督教在第一世紀從中東開始傳到西方，中世紀後因為對《聖經》

和神學、禮儀的不同理解，相繼發展出三個較大的基督教派別：即天主教
（Catholic）、東正教（東方正統教會，Orthodox）和基督新教（狹義的
基督教，又再分為許多不同的宗派），這就是廣義的基督教，為獨一神信
仰。猶太教飲食有非常嚴格的規定，基督教因為以耶穌基督本身替代了所
有舊約的禮儀、節期，並成全了神藉摩西頒訂的律法〔希伯來文翻譯成中
文為「妥拉」（Torah）〕，且在信仰改革當中有著自由與多元的特色，
因此幾乎沒有飲食限制。

一、基督教的基本認識

(一)三一神（Trinity）

有的中文翻譯為「三位一體」，指的是一位神同時有聖父（holy
father）、聖子（holy son，即耶穌基督）和聖靈（holy spirit）三個位格
（personality）。換句話說，這位神有三個不同的位格，三位同榮同尊，
卻仍是同一位神。這是一個需要去經歷才能稍微明白的「奧秘」。對基督
徒來說，無論何時何處，唯一要呼求這位獨一真神的名，向祂禱告。

(二)聖經（holy bible）

基督教是一個看重「經典」的宗教，此經典即《聖經》，也是基
督信仰的最高典範，是神對人類的啟示及教導。《聖經》由長短不一的
六十六卷書卷彙集而成，兼有「歷史文獻」與「信仰經典」兩種角色，
同時也是主觀的信仰見證。其中《舊約聖經》三十九卷，由希伯來文寫
成，也是猶太教的經典，內容有摩西五經、歷史書、先知書和詩歌智慧文
學等。耶穌降生後，進入新約時代，《新約聖經》二十七卷是由希臘文寫
成，內容有記載耶穌生平及講論的福音書、歷史書、給教會及個人的書信
和啟示文學等。

(三)傳福音（evangelism）

耶穌基督的「福音」原意是希臘文的「好消息」（εὐαγγέλιον，意譯為euaggélion，由信使宣報的好消息），英文與之對應的字是Gospel（來自古英文，可能是God spell的組合，即「神諭」的意思），主要是指神差遣祂的獨生子耶穌降世，為世人的罪死在十字架上，三天後復活的救恩，凡心裡相信耶穌從死裡復活，口裡宣認祂為主的人都必從罪和死亡中得救。簡言之，福音就是神的大能，要救一切相信的人（《羅馬書》一章16節）。基督徒常用各種機會傳揚耶穌基督的福音，因為他們順從主耶穌的話說：「你們往普天下去，傳福音給萬民聽。」（《馬可福音》十六章15節）知道這就是自己的使命與職責，甚至傳福音是「還福音的債」。（《羅馬書》一章14節），不傳福音是有禍了（《哥林多前書》九章16節）。

(四)教會（church）

此字翻譯自希臘文的ἐκκλησία（音譯ekklesía），有「蒙召出來聚集」的意思，指一群相信耶穌的基督徒從俗世中被神呼召出來聚集在一處。基督如同是頭，「教會」如同是祂的「身體」，基督徒在教會與彼此、與神都有生命的連結關係。教會並不是地方教會的建築物「教堂」，而是一群與神、與彼此有生命連結的基督徒。基督徒大多於星期天也就是紀念耶穌復活的「主日」（七日的第一日）聚在教堂做禮拜，以唱詩歌、禱告、聆聽講解《聖經》真道、奉獻和彼此交誼來敬拜神，與祂會遇。

(五)謝飯禱告（say grace）

基督徒在用餐前會先禱告，之後再享用餐點，中文稱為「謝飯禱告」，英文就是say grace。「謝飯禱告」是基督徒向上帝表達感恩的具體

信仰表現，如「飲水思源」、「謝天」一般，為桌上的飲食感謝上帝的恩典，祂創造並厚賜萬物，包括陽光、雨水和各樣食物、一切的美好來餵養人類，也求潔淨飲食、為飢餓中受苦的人禱告等。

(六)聖餐（lord's super）

「聖餐」或「主的晚餐」是基督教聖禮（sacrament）中的一項重要禮儀。狹義的基督教有兩種聖禮，表達加入教會、進入上帝恩典和聖靈能力的「洗禮」及「聖餐」。聖餐是為了紀念耶穌為人捨身（以餅為代表）流血（以杯為代表）所設立，基督徒藉聖餐經歷與耶穌基督之間親密持久的連結關係。聖餐使用的是無酵餅和葡萄酒，有些以葡萄汁代替。耶穌說：「我是從天上降下來生命的糧；人若吃這糧，就必永遠活著。我所要賜的糧就是我的肉，為世人之生命所賜。」「我的肉真是可吃的，我的血真是可喝的。吃我肉喝我血的人常在我裡面，我也常在他裡面。」（《約翰福音》六章51、55-56節）聖餐一般都是在禮拜的儀式中，只有受洗的基督徒才能領受，使能與主和主內的弟兄姐妹在基督裡合而為一，幫助堅定心志，並以這樣的禮儀去反思主耶穌的愛與犧牲。使徒保羅說：「……主耶穌被賣的那一夜，拿起餅來，祝謝了就擘開說：『這是我

聖 餐

資料來源：台灣教會公報

的身體，為你們捨的。你們應當如此行，為的是紀念我。』飯後，也照樣拿起杯來，說：『這杯是用我的血所立的新約。你們每逢喝的時候，要如此行，為的是紀念我。』」（《哥林多前書》十一章24-25節）

二、有關基督教飲食的問與答

Q：基督教吃素嗎？

A：有一些基督教宗派的信徒是吃素的，例如基督復臨安息日會，星期六是他們的安息日，在這日他們聚會，休息不工作。

Q：部分基督徒不吃血類製品？

A：有一些較嚴謹的基督徒不吃血，因為《聖經》說：「活物的生命是在血中。」（《利未記》十七章11節）《創世記》一章29節記載：「神說：『看哪，我將遍地上一切結種子的菜蔬和一切樹上所結有核的果子全賜給你們作食物。』」之後九章3-4節又說：「凡活著的動物都可以作你們的食物。這一切我都賜給你們，如同菜蔬一樣。惟獨肉帶著血，那就是牠的生命，你們不可吃。」然而解釋《聖經》時有不同的詮釋法，因此也有許多基督徒認為有吃任何食物的自由，並不排除吃血類製品。

Q：有關「不吃拜拜的東西」？

A：基督教傳承猶太教，把吃飯當作一種禮儀。基督徒認為聚集在一起用餐時神也在其中，神就是愛，所以聚餐也常稱作「愛宴」，是以歡喜誠實的心一起吃飯，重點不在吃什麼，而是大家在上帝和彼此的愛中有情感、心靈上與信仰上的交流。拜拜之後的食物也是可以吃的，因為全地萬物都屬於主，謝恩（謝飯禱告）後就都潔淨了，原則是榮耀神、愛人如己。「愛神」跟「愛人」是基督信仰的核心，飲食只要營養、均衡、能得飽足，並不鼓勵口腹之慾，也沒有嚴格規範不可以吃什麼食物的限制。

第二節　伊斯蘭教

　　伊斯蘭教（Islam）也就是我們常說的回教，伊斯蘭教在阿拉伯文的意思是「歸順」與「和平」，而順服真主阿拉（Allah）旨意的人就是穆斯林（Muslim），伊斯蘭教的經典是《古蘭經》（Quran或Koran），穆斯林認為《古蘭經》是真主阿拉的語言，信徒需要經常唸誦《古蘭經》，因此伊斯蘭國家廣設清真寺，在各大商場也設有祈禱室，讓穆斯林一天五次的禮拜——五功更為便利。所謂「五功」，就是信仰伊斯蘭教所需遵守的五項基本原則，「證、拜、齋、課、朝」，意即「念證、禮拜、齋戒、天課和朝聖」。

一、伊斯蘭教的「五功」

(一)證Shahadah（念證）

　　「念」是作證、宣誓，穆斯林要口誦：「萬物非主，唯有阿拉，穆罕默德是阿拉的使者」，也就是我作證除真主以外再沒有其他主，穆罕默德是真主的差使，當念了這個「證信詞」之後，他就立即成為一位穆斯林了，而其他人也得承認他的身分，同時這位穆斯林也要開始承擔及履行一切宗教上賦予的功課與責任。

(二)禮Salat（禮拜）

　　穆斯林每天向真主跪拜祈禱五次，分別稱為「晨、晌、晡、昏、宵」禮，這是為了訓練自己服從真主，接近祂感謝祂的恩惠，《古蘭經》中明喻：「如果你們真正的感恩，我必定對你們增加我的智慧。」朝拜時的方向是朝向麥加（Mecca）的天房（Ka'bah），而朝拜的時間是：

晨禮	晌禮	晡禮	昏禮	宵禮
清晨	上午	中午	黃昏	晚上

麥加──天房

資料來源：全國宗教資訊網

(三)齋Siyam（齋戒）

就像華人過年、西洋人過聖誕節一樣，穆斯林過開齋節（Feast of Breaking the Fast），在開齋節之前穆斯林會進行一整個月的齋戒，在伊斯蘭曆的第九個月稱為齋戒月，這是伊斯蘭真主阿拉將《古蘭經》降世下傳給先知穆罕默德（Prophet Muhammad）的月份，齋戒月是一年當中最神聖的月份，穆斯林在這個月洗去汙穢、淨化心靈。

(四)課Zakat（天課）

是繳納宗教捐。Zakat本身的意義是淨化，穆斯林若不實行Zakat，其所得會被視為不義之財，捐了Zakat後，財富才會被視為合法，伊斯蘭教的本質具有社會公義的伸張，Zakat制度實質上具有社會福利的意義。一個穆斯林必須將年所得淨額的2.5%繳交給相關的伊斯蘭機構，這些宗教

捐必須用於有需要的穆斯林社群成員身上，除了Zakat的義務捐之外，穆斯林也隨時行樂捐，所得通常用於清真寺的事務上。

(五)朝Hajj（朝聖）

穆斯林有生之年，在健康與經濟情況許可下必須於朝聖月到麥加做一次朝聖。朝聖是一趟花費不貲的宗教心靈旅程，在朝聖的旅程中克服交通不便、旅途危險與困境，不斷地考驗著朝聖者對真主的信心。麥加的卡巴天房（Ka'bah）被稱為阿拉的住所及宇宙中心，朝聖凝聚穆斯林的向心力，世界各地的穆斯林均集結於此，不分貴賤眾生平等的祭拜阿拉，完成朝聖的穆斯林通常會冠上「哈吉」（Hajji）的頭銜，表示已完成五功中最艱鉅的職責，並得到身、心、靈的再生。

二、齋戒月

伊斯蘭教規定，9歲以上的女性與12歲以上的男性穆斯林，每年齋戒月都得封齋一個月，但有例外，老弱殘疾、孕婦、哺乳期產婦、月經期婦女、小孩與外出旅行者等不宜齋戒者之外，所有穆斯林必須從第一道曙光出現前即開始禁食，不吃、不喝、不抽菸、不能有性行為，靜坐誦讀《古蘭經》，並帶著虔誠敬意向阿拉懺悔，直到日落之後才能進食。凡齋戒期間因為特殊理由而出缺的齋戒天數，可在日後補齊，如果實在無法齋戒者，可以透過交納贖金的方式濟助窮人，也算功德圓滿。

(一)不吃豬肉

穆斯林不吃豬肉，其實跟其他宗教一樣是為了服從神的指令，實踐宗教責任也達到心靈上的滿足，《古蘭經》第二章173節提到：他只禁戒你們吃自死物、血液、豬肉、以及誦非真主之名而宰的動物。除了《古蘭經》有明確的規範之外，豬普遍被穆斯林視為不潔的動物，可能與當時的

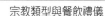

生活環境有關，因此不吃豬肉是服從神的指令，也是避免食用他們視為不潔肉類的行為。

(二)不飲酒

《古蘭經》第二章第219節提到飲酒和賭博這兩件事都包含著大罪，其罪過比其利益還大，第五章第90節也提到：信道的人啊！飲酒、賭博、拜像、求籤，只是一種穢行，只是惡魔的行為，故當遠離以便你們成功。

三、穆斯林女性服飾

穆斯林女性佩戴頭巾是源於伊斯蘭教的「羞體」（awrah）觀念，穿得體的衣服不僅是用來遮羞，也是令真主阿拉喜悅的重要義務。《古蘭經》對於羞體有所記載及要求，例如《古蘭經》第二十四章31節「莫露出首飾」以及第三十三章59節也提到，婦女若以罩袍遮蓋身體，可以使人識別她的宗教身分，進而避免受到侵犯，這些都被視為婦女應該穿戴頭巾（hijab）的重要依據，但伊斯蘭教相信男女有別，男性需遮蓋的部分主要為膝蓋以上區域，不應穿著過短的短褲；而成年女性身著寬鬆衣物或長袍（jilbab），除了臉和口可以露出外，頭髮、耳朵和頸部都要用頭巾遮住，但不需要戴面紗。頭巾對於穆斯林婦女來說明確傳達了某種象徵價值，比如身分、聖潔及尊重等，因此成為穆斯林婦女的穿著典範。雖然頭巾有不同的形式款式，但大致可歸納五個要項：

1.剪裁不需寬鬆，不能顯露身體曲線。
2.需採用不透明材質。
3.穿著的目的不在於吸引異性。
4.款式必須男女有別（男性帶著緊貼頭髮的小帽子，俗稱taqiyah）。
5.伊斯蘭服飾應該與其他宗教的穿著有所區別。

穆斯林女性頭巾（hijab）

女性所穿戴的頭巾在伊斯蘭國家是屬於「日常穿著」，但因為在台灣的穆斯林相對較為少數，部分穆斯林婦女在台灣的日常也會選擇不戴頭巾，僅到清真寺或是需要以穆斯林身分出席的場合才穿戴，但也有穆斯林女性已習慣穿戴頭巾，拿下頭巾走出門反而覺得很不自在，或有很深的罪惡感。

四、穆斯林男性服飾

taqiyah是一種圓形緊貼頭皮的帽子，是為宗教目的的穿著，穆斯林相信先知穆罕默德也是將頭蓋著，為了效法他而變成穆斯林必須的裝扮，穆斯林男性一般在進行每日五次的禱告時都會戴上。

五、聖戰（jihad）

恐怖組織常以「聖戰」名義發動恐攻，並聲稱是jihad，但jihad一詞對穆斯林來說是非常重要的字，從來就不等於「聖戰」。jihad常被翻譯為「聖戰」（Holy War），其實jihad的意思是A struggle in the way of Allah，是以阿拉的方式在「掙扎」或「奮鬥」的意思，也就是付出努力、奮鬥、力圖實現想要的願望，或是預防不願發生的事情，像是控制自己的私慾、濟弱扶貧等。

六、清真寺（Mosque）

清真寺這個詞源於阿拉伯語的Masjid，字面的意思是「跪拜的地方」，英文譯音為「Mosque」，清真寺是皈信者禮拜獨一真神阿拉的神聖場所，皈信者進入清真寺禮拜之前，必須先完成象徵淨化身心的沐浴儀

式（大淨、小淨）。伊斯蘭皈信者的社會生活與清真寺密不可分，所有重要的生命禮儀從出生到死亡全都在清真寺進行，外出旅行時，各地的清真寺也像會館一樣，可以提供食宿與幫助。清真寺分為禮拜殿與其他非禮拜的地方，非穆斯林除了禮拜殿不能進入之外，其他寺內的地方基本上都歡迎參觀，但須低聲說話，且不論是要拍照或攝影人或物，都應徵求主人同意以示尊重，清真寺在祈禱時間會關閉，加上星期五是他們的禮拜天，不少清真寺會在這天禁止遊客入寺參觀。台灣最早的清真寺位於台北市大安區，建於1947年，根據觀光局的資料，全台清真寺共有九間，台北與桃園各有兩處，其他縣市有台中、台南、高雄、東港與花蓮。

位於台北大安區的清真寺

第三節　印度教

印度教（Hinduism）被稱為世界上「最古老的宗教」，印度教有十億信徒，其中九億居住在印度，因此雖然印度教信仰人數高於佛教，但印度教因民族性限制，信仰人口集中，因此普遍認為世界第三大宗教應是佛教。

一、有關印度教

1.印度教具有強烈的封閉特色，印度人生來即被視為印度教徒，外國人則不被視為印度教徒，沒有後天加入印度教的觀念，也沒有叛教的觀念，如果有人宣稱如此也僅視之為挑釁行為。

2.印度教是一種包含宗教、信仰和生活方式的綜合體，印度教相信「因果報應」和「人生輪迴」，每一段生命都是由前世的所為而限制和決定的，人類必須透過修行和累積功德才能認知「梵」，這是印度教徒人生追求的最高目標，代表宇宙超越本體和終極實在，印度教徒把人生看作自我反覆的輪迴。

3.印度教社會的宗教習俗是，早晨起來的第一件事是去附近的河流洗澡，附近沒有河流的就在家裡沐浴，因為他們相信這樣才會聖潔，然後在未進食之前，先去當地廟宇把鮮花、供品獻給當地的神。印度差不多每家人都以屋隅甚或一個房間作為崇拜家庭所喜愛的神之用。在若干地方，普遍受人崇拜的是象頭神甘尼許（Lord Ganesh），甘尼許是印度神話和民間百姓中知名度最高、最受崇拜的智慧、財富之神。他在印度無論是宗教或者非宗教的場合都受到普遍的崇拜。在印度的日常生活中比如公司開張、奠基儀式之前、結婚、朝聖前、出遠門、拜師開學、開店、購買新車、開動新機器設備等都會敬拜甘尼許，以求破除障礙、一帆風順、取得成功。印度的象神節在印度曆每年的8～9月間，為期大概十天。

4.瓦拉納西（Varanasi）是印度教徒眼中唯一的聖城，如同耶路撒冷般的聖城，對於印度教徒而言，瓦拉納西不僅是濕婆神的領地，其中恆河（River Ganges）更是靈魂最終的安息之地。瓦拉納西全市有一千五百餘座各式廟宇，每年接待來自各地的朝拜者或來洗澡的人多達兩三百萬，信徒相信一生中要在恆河裡洗一次澡以除罪孽，大多數的印度人希望死在恆河，因為印度教徒相信葬在恆河或是將

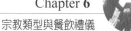

印度慶祝象頭神節，寓意引入財富、智慧和吉祥

資料來源：m.xuite.net

瓦拉納西

資料來源：擷取自鳳凰旅遊網，旅遊作者：淑蓮瓜子

骨灰灑入恆河中，靈魂將得以解脫，所以瓦拉納西又被稱為「天堂的入口」。

5. 進入寺廟要脫鞋。印度人的潔癖，其實更多表現在精神層面。在印度人眼中，四大種姓（caste system）其實是對人的「乾淨」程度的劃分。距離神最近的，也就是宗教上、道德上最潔淨的人是婆羅門，以下依次是剎帝利、吠舍和首陀羅。四大種姓之外的達利特，是最骯髒的人，他們只配從事收拾垃圾、通下水道、焚燒屍體、掏糞等工作。說到這裡，你就知道為何印度人進入某些場所必須脫鞋了。進入神廟必須脫鞋，這是因為鞋子沾染了很多不潔的東西，如果帶進神廟，是對神的不尊重。

6. 印度人敬牛如神。牛被印度教徒視為神聖的動物，在印度廟宇內外可見濕婆神（Lord Shiva）與祂形影不離的坐騎，也就是祂的乘騎公牛「南迪」（Nandi），除了宗教崇拜，由於農業是印度的傳統產業，牛以勞動耕田、運輸；牛奶與乳製品，在以素食為主的印度社會是主要營養來源；牛糞可作燃料、肥料、建材；牛尿亦是印度

傳統療法的藥材之一。種種因素,殺牛成為印度文化中的一大禁
忌,不吃牛、不鞭打、不傷害,牛隻可隨意漫步街上。

二、印度教的飲食

1.印度虔誠的佛教徒和印度教徒都是素食主義者,耆那教徒更是嚴格
吃素,吃素的人占印度人口一半以上。由於印度多數人吃素,因此
許多外來的餐廳不得不為素食主義者特別設計素食餐,例如印度麥
當勞供應素食漢堡,印度麥當勞沒有販賣牛肉和豬肉,烹調素食和
非素食的廚房是分開的,這是因為印度教徒不吃牛肉,穆斯林則不
吃豬肉,雞肉和素食則沒問題,印度麥當勞的大麥克只有羊肉,在
印度想要吃牛肉須去店鋪買回家自己做。

2.只能用右手吃飯。印度人吃飯的方式還保留著傳統的習慣。雖然在
較正式的場合,人們吃飯會使用叉和勺。印度人吃飯無論大人還是
孩子,一定要用右手吃飯,給別人遞食物、餐具,更得用右手。
這是因為人們認為右手乾淨,左手髒。因為印度人如廁以後,不
用手紙擦,而是用水
沖洗,沖洗時,用左
手,不用右手。在印
度餐館吃飯,當快吃
完的時候,有一小碗
飄著檸檬的溫水是用
來洗手的。飯後,還
會端上一盤綠色麥粒
狀的香料,供大家咀
嚼,以消除口中的異
味。

洗手盅

資料來源:取自網路by Chris Martino

搖頭表示OK？

　　印度人在表示同意或是肯定的時候，習慣把頭往左右輕斜一下脖子（看起來像是搖頭），然後會立刻恢復原狀，表示「OK」、「YES」、「我知道了」，和我們點頭表示有很大的差異。

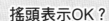 ## 第四節　佛教

一、有關佛教

　　佛教是在公元前六世紀由釋迦牟尼帶領其弟子修行，並教導開悟的道理，此後流傳成為現今世界性的宗教之一。佛教信徒有超過九成都在亞太地區，其中在不丹、緬甸、柬埔寨、寮國、蒙古、斯里蘭卡和泰國。佛教緣起於印度，分成三種傳統：印度佛教、中國佛教和西藏佛教。中國佛教涵蓋的地方包含中國、台灣、香港、日本和韓國等漢字文化圈。

　　佛教出現於印度的時候，佛教徒並沒有特殊的飲食習慣和規定。原始時代的佛教徒乃至出家的比丘、比丘尼，過得是沿門托缽，他們不選擇托缽的對象，為的是一律平等、廣結善緣，供養者供養什麼就接受什麼，只要不是特別為某一些托缽者而殺，縱然魚肉等食物，也不拒絕，這就是為什麼小乘佛教不規定必須素食的原因。

　　而大乘佛教講究的是要修菩薩果，就需要具備大慈悲。眾生平等，動物也是眾生的一部分，所以不吃肉，此外蛋類也視為「葷」，所以出家人受了三皈五戒的，都不吃蛋、肉。

新北佛誕文化節千僧公益托鉢

資料來源：台灣好新聞

二、佛教的飲食

(一)初一、十五吃素

初一、十五在家居士吃素可以齋戒靜心，不但可以增添自己福份，也是為方圓之內的人祈福，造就自己的功德。

(二)「葷」、「腥」的分別

至於葷腥，應有分別，所謂「葷菜」，是指具有惡臭味的蔬類，例如大蒜、蔥、韭菜、小蒜等。《楞嚴經》說葷菜生食生瞋，熟食助淫。並且在誦經之前，為了不使聽經的鬼神發瞋和起貪，最好不吃葷菜。而所謂「腥」就是指肉食。其他辛香料如辣椒、胡椒、五香、八角、香椿、茴香、桂皮等不算葷菜，不在戒律所限。

(三)不得飲酒

佛教重視智慧，若多飲酒容易亂性，為了保持清醒以利精進的修

行，必須戒酒。佛教的五戒是每位在家佛弟子都要守的戒律，意即不殺生、不偷盜、不邪淫、不妄語及不飲酒等五戒。

三、佛教一般禮儀與禁忌

1.在寺院當中必然會遇見出家人，遇見時應恭敬合掌，同時口中說「阿彌陀佛」，或是「您好」以示恭敬，若需要詢問，可以合掌問訊，注意打招呼不用俗人的握手禮。

2.見僧人稱「法師」，或稱「和尚」或「師父」。

3.在佛殿當中我們可以繞佛，據經典記載是有很多功德的，但要注意旋轉的方向，應該是自左向右，即「順時針」不得逆旋，因正旋表是恭敬之意，這也是源自印度人的禮儀與習慣。

4.在佛殿當中不得大聲嬉笑或大聲說話，這些都是沒有素養的表現，況且佛殿是供養佛菩薩的莊嚴聖地，一定要十分注意。

5.聽經的時候可以隨眾禮拜入座，見法師升座向佛頂禮則應向佛頂禮再向法師禮拜，中途須先退席，可起立向法師合十，肅靜退出。

6.到寺廟上香時，要左進右出，一般拜拜時敬供水果類及鮮花就可，選用的水果也要避免「多籽」水果，例如番茄、芭樂，因為這兩種水果可以被食用後排出再生長，因此拿來拜神明是非常不敬的。此外，釋迦的形狀很像釋迦摩尼佛的

虔誠的信徒祈求神明護佑

頭，若拿來拜拜也是對神明很不敬須避免。

7.一般在寺廟都會看見信徒持香拜拜，燒香禮佛的意義在於表達對神明的尊敬。但方法很多可以用清水、鮮花、水果代替，不一定需要燒香，近年來因為環保意識，越來越多寺廟已經停用香爐禁止信徒燒金紙，包含燒香的習慣也改由雙手合十拜拜即可，不管什麼樣的方式都能夠心誠則靈。

 課堂活動設計

1.詢問課堂學生的宗教信仰，請學生分享自己的宗教及活動，有哪些禁忌？
2.請學生討論各種宗教有哪些活動？例如：基督教的復活節、佛教的盂蘭盆節、伊斯蘭教的宰牲節、印度教的排燈節。

延伸閱讀

中華佛學研究所。《中華佛學研究》，第3期，頁175-206，http://www.chibs.edu. tw/ch_html/chbs/03/chbs0307.htm
全國宗教資訊網，https://religion.moi.gov.tw/Knowledge/Content?ci=2&cid=85
李在哲（2020）。《最重要的事——初信造就10堂課》（初版）。校園。
林長寬（2009）。五功。文化部台灣大百科全書，https://nrch.culture.tw/twpedia. aspx?id=1949
法鼓山全球資訊網，https://www.ddm.org.tw/
探索歷史之謎會（2008）。《一本讀懂世界三大宗教》。商周出版。
黃國煜（2015）。《圖解世界宗教》（新版）。好讀出版。

Part 3

餐酒禮儀與文化
Culture and Etiquette of Wine and Drinks

　　在前面的章節我們談到了用餐的禮儀，以下章節要談飲食禮儀當中的另一個重要元素，也就是餐桌的配角——「餐酒」。餐酒有著重要的功能與意義，是餐桌上不可缺少的元素，與其說是配角，餐酒扮演的角色和分量能讓用餐的過程更到位，如果少了餐酒那麼饗宴應該就會大大失色！因此對於餐酒的瞭解包含著對異國的餐酒文化習慣與餐酒禮儀的瞭解，這樣對於飲食的禮儀才算完整。

　　過去，飲酒對於台灣人聯想到的是充滿乾杯、拚酒的文化，除了啤酒大多喝的是白蘭地和威士忌，能在餐酒中提供高等酒款也能彰顯社經地位。應酬的場合一個晚上常常還會有第二、第三攤，喝酒時若不能一飲而盡就好像對於舉杯邀請的人不給面子，而能夠千杯不醉似乎代表這個人很厲害、很豪爽，黃湯下肚賓主盡歡生意也就水到渠成。但這樣的拚酒文化，在25～40歲的族群已開始轉變。這個世代受到較多西方文化影響，喝酒動機也從商業應酬，變成生活品味，講求食物搭配。再加上台灣在幾次令人印象深刻慘痛的酒駕社會事件之後，宣揚「酒後不開車」以及「喝

酒找代駕」這樣的概念越來越廣為接受。2022年1月24日，台灣「酒駕重罰」三讀通過，其中十年內兩度酒駕的累犯，公路主管機關得公布姓名照片及違法事實。另外，酒駕同乘者「連坐罰」，也從原本的六百至三千元罰鍰，提高到六千至一萬五千元；酒駕致人於死者，增訂得併科二百萬元以下罰金，至重傷者增訂得併科一百萬元以下罰金。

酒駕刑責 修法重點

道交條例	酒駕同乘者連坐罰	6000到15000元
	再犯罰則	10年內第2次累犯得公布姓名、照片及違法事實
	未依規定加裝酒精鎖	6萬到12萬元
刑法	酒駕未肇事刑責者	3年以下徒刑，得併科30萬元以下罰金
	酒駕肇事致人於死或重傷者	致人於死者得併科200萬元以下罰金；致重傷者得併科100萬元以下罰金
	再犯罰則	再犯致人於死得併科罰金300萬以下罰金、致重傷者得併科200萬元以下罰金
陸海空軍刑法	軍人酒駕罰則	致人於死者併科320萬元以下罰金、致重傷者併科220萬元以下罰金

製表／李承穎　　　　　　　　■聯合報 2022.01.24製表

酒駕重罰

資料來源：聯合新聞網

　　勸酒文化在亞洲許多國家似乎很常見，包含對岸中國、日本及韓國。2017年韓國崇實大學學生會發起「禁止勸酒手環」，上面寫著「Respect Human Rights尊重人權」，以避免韓國校園飲酒造成的事故，雖然只是宣導但已經受到全校學生歡迎。在韓國一直存在著「勸酒惡文

化」，南韓人普遍有個心聲，「寧可喝死，都不敢對學長、老闆勸酒說『不』」，也難怪南韓大學把不喝酒與「人權並列」，在2019年更在校內社團推廣三色手環，黃色手環代表「我不想喝酒」，因此不能對帶黃色手環的人勸酒、灌酒；戴粉紅手環代表「只喝到臉紅」，意思就是根據身體狀況喝到適量；戴黑色手環則是「喝到結束」，代表今晚沒有設限的意思，這個手環能夠從視覺上表達出自己的酒量，以輕鬆的方式解決勸酒的沉重問題，雖然還是有人不甩手環的用意，但是將「喝酒的意願還給飲酒人」這樣的概念推廣出去。

停止勸酒

資料來源：theinitium.com

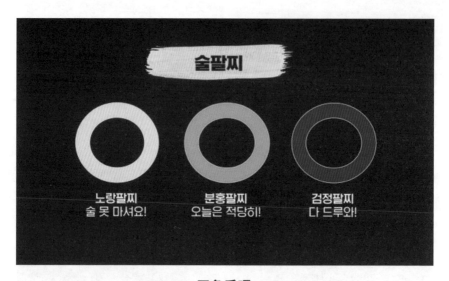

三色手環

資料來源：NAVER

　　比起在餐廳拚酒或到酒吧、夜店喝酒，台灣有一種餐酒館Bistro漸漸受到歡迎。Bistro是將餐的角色降低，以酒搭餐凸顯酒的部分，這樣會使用餐速度變慢，多了幾分閒情，而西式隨性自在的用餐氛圍也降低了拚酒的氣氛，能夠輕鬆的吃飯喝酒。Bistro最初起源在法國巴黎，是指那些提供一般家庭菜色的平價小餐廳，也提供酒類，有許多Bistro店家會用粉筆將菜單寫在小黑板上面，店家的服務也不像正式餐廳這樣精緻，對於女性來說單點餐點的分量可以自己控制，因此在日本、韓國和台灣，越來越多人喜歡在餐酒館用餐。在台灣Bistro代表的是義式或法式餐館，有某些高價位精緻服務的餐廳也選用Bistro這個字，代表著提供異國風味的料理。

　　在國外有許多餐廳名稱讓人分不清楚，同樣可以吃飯、喝東西，但是這些名詞有一些區別，瞭解之後下次到了外國就能根據需求選擇適合的餐飲店家。

1. Restaurant：餐廳，通常會有設定的午餐及晚餐時間，中間的時間

國外的Bistro餐廳

　　則短暫休息打烊，餐廳的價錢從合理到令人驚奇的高價位，風格
可休閒但大多較精緻。

2. Bistro：法式小館，通常Bistro營業時間為午餐和晚餐時間，兩餐中
間則休息，Bistro提供的菜單較為簡單，大都是傳統且簡單的法式
家常料理，一般來說也不會有高級的迎賓服務。

3. Brasserie：Brasser 在法文的意思是釀酒Brew，因此Brasserie最早是
指有自家釀酒的餐廳Brewery，Brasserie沒有設特定的用餐時間，
營業及供餐時間很長，一整天都可以自由進出並享用餐點。

4. Café：咖啡廳，有提供食物但更著重在飲料的部分，在咖啡廳能夠
任意與朋友或家人話家常輕鬆度過，或獨自一人發懶打發時間，
一般來說菜單主要是三明治、沙拉、法式起士盤等簡單餐點。

餐桌上的餐酒風景

第一節　餐酒的種類

第二節　異國餐酒文化

第三節　米其林指南的評級制度

餐與酒水是不可分的,在國外用餐時,服務生首先會問你要喝什麼?也就是先點酒水再點餐,飲食文化源遠流長的歐洲喜愛喝葡萄酒,法國人從小習慣餐桌上有葡萄酒,而在義大利則是喜歡在餐後來一杯渣釀白蘭地(Grappa)幫助消化。

義大利的Grappa
資料來源:montemaggio.com

我們鄰近的國家日本則是喜歡搭配用米所釀造的清酒(sake),因為清酒的酸度搭配海鮮特別對味。韓國人的燒酒文化在韓國餐館處處可見,常見的真露(참이슬)不但穩居國內燒酒銷售之首,根據《朝鮮日報》引述英國酒類專業雜誌*Drinks International*報導,真露連續十六年奪下全球最暢銷蒸餾酒冠軍,但這個看似無害的小綠瓶,酒精度可是高達25%。

其實任何國家的酒品市場,啤酒一定是占最大的銷售量,再來則是在地化的酒品,不過台灣的市場卻不是這樣,消費者對外來酒品接受度較高,國產占有率則年年下滑。根據財政部財政資訊中心,財務部關務署

韓國的真露燒酒

韓劇《太陽的後裔》中出現真露燒酒

的資料分析，台灣各種飲品的排名，啤酒第一，威士忌第二，高粱酒第三，葡萄酒第四，白蘭地則是遠遠落後，相較於早期白蘭地在台灣受歡迎的程度，近年來已經被威士忌大幅超越。台灣在2002年加入世界貿易組織，同步廢止菸酒專賣制度，並調整菸酒稅制，開放酒廠民營，也使得外國菸酒大量進入台灣市場，進口威士忌的稅金相對鄰近的亞洲其他國家例如香港、印度來得低，因此近年來威士忌的進口市場蓬勃發展，在地台灣也有很成功的釀造廠，例如飲料大廠金車就成立了台灣第一座噶瑪蘭威士忌酒廠，並屢獲大獎。

金車噶瑪蘭威士忌酒廠

資料來源：金車噶瑪蘭威士忌酒廠facebook

而在對岸的中國，最受歡迎的是中國白酒，其中貴州茅台（貴州白酒）穩坐榜首，緊追在後的是五糧液（四川白酒），第三名才是中國的雪花啤酒。2020年在中國的酒類銷售中，中國白酒占總營業額77.5%。與西方的葡萄酒杯不同，喝中國的白酒是採用小杯，原因是中國的白酒酒精度數一般約53度，對大多數人來說大口喝酒吃不消，而且價格不菲。2021年度貴州茅台酒（500ml）價格已達人民幣1,499元。

而在歐美地區的西班牙，飯前的小酌正宣告著工作之後的放鬆，也就是所謂的快樂時光「Happy Hour」，我們常見西班牙餐館以Tapas為名，Tapas指的就是在正餐前喝酒時所搭配著吃的小餐點。餐桌上的餐酒文化與國家的民情風俗或是地理環境以及文化的傳承有著深厚的關係，透過對餐酒文化的瞭解，也是我們旅遊時瞭解這個國家有趣的方式呢！

貴州茅台酒
資料來源：item.m.jd.com

正餐前喝酒時搭配的小餐點
資料來源：tastespirit.com

 ## 第一節　餐酒的種類

　　餐桌上除了主角餐點的美味之外，另一個焦點就是餐酒了。一般餐酒包含水、酒、軟性飲料（soft drinks）、咖啡和茶。在台灣許多餐廳大都有免費飲用水提供，但因為各國對於飲用水的標準不一，我們常說的「水土不符」在旅行時很容易碰到，這是因為我們的腸胃對於當地的飲食習慣以及飲用水或飲品的適應不良，雖然只是「水」就有許多種類及學問。

一、飲用水

　　外國人對於飲用水的信任與要求可能不同，特別是對於那些已開發國家的居民到生活水平相對較低的國家洽公、出差或旅行時對於當地飲用水的要求特別注意，對於水也會做選擇，一般餐廳會提供飲用水（potable water）或是礦泉水（mineral water），potable water指的就是可以直接飲用、不需要經過處理或再煮沸的水。有些飯店會在房間提供幾瓶免費（complimentary）礦泉水也稱作potable water或是mineral water，也有些飯店會在浴室的洗手台上標示「Tap water is portable」（水龍頭水可以生飲），這是因為在歐美許多國家水龍頭打開的水就可以直接飲用。台灣的自來水品質經過認證及定期檢驗，完全符合「飲用水質標準」，且自來水中不含化學有機污染物（如農藥及揮發性有機物），也不含有害重金屬及致病性微生物等，因此是可以直接飲用的，然而自來水公司不建議台灣民眾生飲自來水的原因有二：一是台灣許多地區水管老舊，另一個原因就是居家的水塔是否有清洗，這些都是維持飲用水品質的關鍵。旅遊到許多衛生條件堪慮的國家，酒店也會特別在洗手台旁邊提醒「Tap water is not portable」（水龍頭的水不能生飲），因此通常在房間內也會提供免費的

礦泉水供房客使用。

有關飲用水的部分有以下不同種類：

(一)鹼性水（alkaline water）

或稱為鹼性離子水或是電解質水。之所以這樣稱呼是因為它的酸鹼值（pH value）是8～9，略高於一般飲用水7，大自然的水體，像是山泉水、海水等本身都含有若干含量的礦物質，而鹼性水是透過電解作用獲得鹼性，但鹼性並不很強，喝下去後遭遇到胃酸，因此鹼性水對健康人體來說不具有太大的影響，事實上飲用鹼性水也不會改變身體的酸鹼值。

(二)無氣泡飲用水（still water）

無氣泡飲用水就是指一般可飲用的水但非自來水，可能是純水例如RO逆滲透水、經過檢驗合格的山泉水，甚至標榜著無污染的深海礦泉水，這些水都含有微量礦物質，常見的進口無氣泡水品牌有愛維養（Evian）礦泉水。

來自澳洲的礦泉水Cape Grim，深藍色蓋子是無氣泡，灰色蓋子是氣泡水

(三)氣泡水（sparkling water）

有國產和進口，都是在礦泉水中加入二氧化碳；進口品牌的氣泡水最常見的應該是沛綠雅（Perrier），它是來自法國南部加爾省的天然碳酸泉，經過水質淨化之後，裝瓶期間再次添加二氧化碳氣體。

二、餐前酒（Apéritif）

Apéritif源自於拉丁語的動詞「aperire」，原意就是「打開」，所以就是用來打開你的胃口，是進餐之前飲用的酒精性飲品，也叫開胃酒。餐前酒是用來讓人們放鬆以及刺激人的食慾的酒精飲料。因為是刺激食慾，所以需要選擇甜度較低的干型酒，而且要避免尚未進餐就已經醉了，餐前酒最好選擇酒精度較低者，典型的餐前酒有：

(一)香檳

各國的氣泡酒名稱不一，最有名的是法國香檳產區的香檳（Champagne），法國另有氣泡酒稱為Crémant，例如Crémant di Alsace。在法國香檳Champagne與氣泡酒Crémant的差別在於香檳是限定在法國香檳產區所產的氣泡酒，其瓶內氣壓是6個大氣壓，而氣泡酒Crémant字面的意思是奶油（Creamy），其瓶內氣壓為3.6氣壓，氣泡宛如奶油般柔順，刺激感較低因而取名。

(二)不甜白葡萄酒

干型白葡萄酒通常酸爽宜人，有著絕佳的開胃作用，沒有進橡木桶的白葡萄酒，例如：夏多內（Chardonnay）、白蘇維翁（Sauvignon Blanc）、雷斯令（Riesling）、灰皮諾（Pinot Grigio）和奧地利的綠維特利納（Gruner Veltliner），這幾款白葡萄酒清新酸爽且酒體輕盈，適合餐前飲用。

(三)粉紅酒

粉紅酒很受女性朋友喜歡，餐前來一杯粉紅酒不管是干型或是微甜的粉紅酒都是不錯的選擇，口感清爽而且顏色討喜，讓用餐的氣氛有個美好的開始。

(四)干型苦艾酒（Dry Vermouth）

苦艾酒是一種含有茴香的加烈酒，味道芳香有草本味和花香，口感很清淡，還有一絲苦澀的味道，可以加冰做成開胃酒。

(五)干型馬丁尼（Dry Martini）

馬丁尼稱為「雞尾酒之王」，是由琴酒（Gin）加上苦艾酒（Vermouth）調製而成的，干型馬丁尼是一款經典的餐前酒，酒內有一顆紅心橄欖提味，讓胃口跟著打開。

(六)干型的雪利酒

Fino Sherry和Manzanilla Sherry都是很棒的選擇，這兩款雪利酒可以搭配開胃火腿、堅果等。

(七)酒體輕盈的啤酒

餐前喝清涼冰鎮的啤酒也是很常見的開胃酒，例如Corona Extra。記得避開酒體較重或氣泡很多的酒，才不會影響進食的空間和胃口。

三、佐餐酒

紅花襯綠葉，佐餐酒在餐宴中是「配角」，作為陪襯餐點的角色，只要能夠賓主盡歡舒適的用餐，不喧賓奪主，即使只飲用一種佐餐酒仍然是人間樂事，佐餐酒最常見的是香檳或是紅白葡萄酒，依據餐點搭配

葡萄酒需要考量餐和酒的基礎上做選擇，講究的餐宴從開胃菜開始每一
道菜會搭配適合的餐酒，如果只喝一款酒則是以搭配主餐菜色做佐餐酒
的選擇，選酒時「紅酒配紅肉，白酒配白肉」是通則，需注意餐點醬料
的濃淡，才能做最適合的餐酒搭配。如果沒有特殊偏好，建議採用「地
酒」，也就是「法國菜搭法國酒，義大利菜搭義大利酒」。這樣的方式是
依照葡萄酒的「風土條件」來說，產區葡萄酒搭配該產區餐點是最到位
的。有關葡萄酒的餐酒配將在第九章撰述。

四、餐後酒（digestif/ after dinner drink）

相對於餐前酒以刺激食慾放鬆心情為目的，餐後酒的功能便是在用
餐之後與親朋好友談天說地、交流感情飲用的酒。在飲酒的順序上循序漸
進的此時，可以品飲一些酒精度較高、酒體較為醇厚的餐後酒，在餐後
來一些甜型的酒款作為用餐的完美收尾也非常適合，常見的餐後酒有三
類，加強型葡萄酒（fortified wine）、白蘭地／干邑（Brandy/ Cognac）、
甜型利口酒（liqueur）。

(一)加強型葡萄酒

葡萄牙的波特酒（Port）或是馬德拉酒（Madeira）和西班牙的雪莉
酒（Sherry）都是很受歡迎的餐後酒，酒精濃度在15～20%之間。

(二)烈酒（liquor）

白蘭地是最經典的餐後酒之一，白蘭地是以果汁如葡萄汁或是其他
水果發酵後蒸餾而成的，也會經過橡木桶熟成，其他有干邑（Cognac）
及雅瑪邑（Armagnac），白蘭地、干邑、雅瑪邑喝法都是使用白蘭地
杯，將手握著酒杯本體以手的溫度將厚實的酒香慢慢散放品飲。義大利
人喜歡喝渣釀白蘭地（Grappa），這是使用葡萄酒渣製成會放在橡木桶陳

年，Grappa為透明無色，但酒精度頗高約在35～60%之間，這些烈酒大都直接品飲不需加冰塊稀釋。

(三)利口酒（liqueur）

利口酒是以烈酒為基底去調味或是加甜味而成，常見的利口酒有貝禮詩奶香酒（Bailey's Irish Cream）、卡魯哇咖啡酒（Kahlua）、香橙干邑甜酒（Grand Marnier）、杏仁酒（Amaretto）等。

五、餐後咖啡、茶

一般餐後會有熱飲選擇，普遍是咖啡或茶，為避免有些人對咖啡因較敏感飲用完畢影響睡眠，通常會提供不含咖啡因的咖啡及茶類飲品，例如康福茶（comfort tea）或是菊花茶（chrysanthemum tea），有助眠安神的效果等。搭配日本餐點通常是綠茶（green tea），中國餐點則是中國茶例如烏龍茶（oolong tea），搭配港式飲茶多選擇普洱茶（pu-erh tea）可以去油，這些茶類是在用餐過程中一直都搭配著喝。韓式餐廳在餐後會有熱柚子茶（Korean citron tea），一絲甜帶著微酸，很適合作為餐點的結尾。

第二節　異國餐酒文化

餐酒文化代表著餐與酒共舞的美好，各國文化的特色產生當地的餐酒文化，一般來說除了單純的品飲，喝酒的時候大都有相對應的食物搭配，產生了各國有趣的餐酒文化。

一、台灣

過去老一輩父兄會拿出高粱、竹葉青、五加皮、大麯等在地酒類，

女性多會為其準備「下酒菜」招待，然後默默離開讓男性可以盡情交流。現在年輕人則喜歡啤酒，特別是公賣制度廢除之後，各式各樣的啤酒大放異彩，近年來葡萄酒接受度也越來越高，但其實在台灣最普遍的應該還是威士忌，根據蘇格蘭威士忌協會發布的消息，台灣一年喝超過500億元的威士忌，位居全世界第四，僅次於美國、法國、新加坡。台灣的餐酒文化中讓人想起的可能是熱炒與啤酒、威士忌的搭配，街邊平價的熱炒店最受歡迎的熱炒包含三杯雞、蒜苗鹹豬肉、蔥爆牛肉、九層塔炒蛤仔、菜脯蛋等，其他如鮮燙海鮮及白斬雞都是熱門菜單，飲酒最後會來一鍋熱湯解酒暖胃。台灣人喜歡乾杯，一飲而盡似乎會讓人覺得特別有誠意及膽識，交流起來越發沒有隔閡，因此常常都會互相乾杯，遇到對方酒量不好仍然想表達自己誠摯心意時會說「我乾杯，您隨意」，充分表達親切理解及熱情的心意。台灣的餐酒文化是三五好友小聚、維繫感情大吐苦水以及排憂解悶的日常活動。台灣法律可以飲酒的年齡是18歲。

快炒搭配啤酒和威士忌，是許多人聚餐時的選擇

資料來源：jasminelady.pixnet.net

二、西班牙

歐洲人早已習慣餐酒文化，對國人耳熟能詳的西班牙料理可能是有番紅花入菜的西班牙海鮮燉飯（paella），除此之外就是tapas了，tapas在西班牙文的意思是覆蓋物（cover），據說以前酒館招待旅人端上桌的酒菜，因酒易招蟲子蒼蠅，便在酒杯上放置麵包遮擋，後來發展出在麵包上放些橄欖、海鮮、火腿等食物，而演變成現在人口中的tapas。在西班牙用餐時間很特別，午餐大概2點開始，晚餐大概8點開始，但其實西班牙人三餐都可以吃tapas，可以是冷盤，可以是熱盤，可以是現點現做，也有像自助餐一樣可以擺出來直接供選擇，西班牙人吃飯喜歡聊天，因此tapas不但是食物也是一種生活和文化，西班牙人聚在一起聊世界趨勢、國家經濟及暢談各自工作近況，酒酣耳熱之際暢所欲言維繫感情。西班牙的法定飲酒年齡是18歲。

三、日本

說到日本的餐酒文化大家應該立刻想到「居酒屋」，日本到處都有居酒屋，酒精飲品價格在日本相較世界各國低，店家更有「無限暢飲」的選擇。在日本由於電車的便利性，下班後到居酒屋小酌再搭電車回家，較不會有酒駕的問題，也算是在日本飲酒非常普遍的原因之一，早期甚至自動販賣機都可出售酒精飲品，再加上日本有各式清酒選擇，因此讓赴日遊客認為日本根本是美酒天堂。日本居酒屋店家會附上一些自己沒有點的小菜，這些都會額外收取費用的。日本人只有一開始喝酒時會說乾杯，也就是只乾杯一次，跟台灣會乾杯很多次不同。日本搭配下酒的小菜第一名應該就是毛豆，其次是調味的豆芽菜，然後就是烤肉串了，再來就是炸物，日本生魚片的冰涼口感搭配啤酒或是清酒也是很搭。日本可以飲酒的年齡是20歲。

四、美國

要瞭解美國文化國情，也許可以試著從瞭解美國酒吧及各種酒類開始，美國法律規定飲酒年齡為21歲，在美國有所謂的快樂時光「Happy Hour」，很多酒吧在下班後的4點到8點會提供打折的酒水和小菜，多是半價優惠，但這類活動等於變相鼓勵飲酒，因此有些州明定反對Happy Hour。

美國酒吧的類型有：

1. 運動酒吧（sport bar）：美國人非常熱衷運動賽事，例如籃球、美式足球、歐洲足球、棒球等都會讓美國人點燃熱情到酒吧去為自己支持的隊伍打氣，同時也表示跟朋友興趣相投熱血交融的情感。
2. 音樂酒吧（music bar）：店內會邀請樂團演出，有搖滾、爵士、鄉村等不同類型選擇。
3. 啤酒酒吧（beer pub）：美國人熱愛啤酒，著名的美式啤酒有百威（Budweiser）和可樂娜（Corona），都是美國經典款式。

美國人的下酒菜通常都是薯條、薯格、洋蔥圈、炸蝦、水牛城辣雞翅（Buffalo chicken wings）、洋芋片、墨西哥玉米片（tortilla）等。

五、韓國

韓國的特色餐酒是一種以紅薯（地瓜）為原料的酒精，酒精度大約是20度，其中韓國最著名的燒酒品牌就屬「真露」，不論是路邊的小吃攤或是韓國餐館裡都可以看到真露。韓國人飲酒要互相倒酒以表示友誼和尊重，為別人斟酒時一定要右手拿瓶，左手要扶著右手，表示尊重，接受者也要雙手捧杯以示謝意。晚輩與長輩喝酒時，晚輩要先向長輩倒酒，等長輩先喝酒後才能飲酒，飲酒時不能面對著長輩而且要蓋住嘴喝。韓國人的

用餐完畢的小費tips

　　小費在歐美國家是天經地義的事情，有些服務生的本薪很少或甚至沒有，一切都靠殷勤的服務賺取小費謀生，因此在享受服務完後給小費是必須的，也是歐美餐飲禮儀的重要部分；雖然我們已經習慣在台灣餐廳用餐完不需要小費，但旅遊時一定要入境隨俗，否則服務生可能會追出來要小費，這樣就既失禮又尷尬了。那麼，如果感覺服務不好，是否仍要付小費呢？答案是：要的。因為店家及服務生都不會蓄意提供劣質服務，有可能是疏忽或是感受上的問題，那麼就要給他們一個補救的機會，在餐點大致上菜完時，服務生都會前來問候一句：「Is everything Ok?」也就是詢問「餐飲或服務都還好嗎？」如果服務有不到位的地方都應該在此時做表達，讓他們去做補救措施，不應當悶在心中不吭聲，然後以不付小費的方式對待，這樣就是自己失禮了。

下酒菜最有名的就是「韓式炸雞」，還有很多經典的韓式下酒菜，例如生章魚、烤腸、烤豬皮、烤肉、煎餅，還有泡菜湯。

第三節　米其林指南的評級制度

　　米其林餐點是什麼？有哪些等級與分別？

　　《米其林指南》（*The Michelin Guide*），誕生於1900年，由米其林輪胎創辦人安德烈‧米其林倡導推出，原本旨在為駕車人旅行途中推薦餐廳的小冊子，但因其嚴謹的評審制度得到消費者信任，已發展成專門評比餐飲行業的法國權威鑒定機構。被評為米其林星級餐廳，幾乎被認為是全世界最好的餐廳。如果被評為米其林星級餐廳，尤其是三星餐廳，對一家餐廳的主廚而言是無上光榮，也代表廚藝得到最高肯定，對於主廚和餐廳來說都是既風光又財源滾滾的喜事。

米其林評估的標準是：

1.盤中食材的水準。

2.料理食物的記憶水平和口味的融合。

3.創新水平。

4.是否物有所值。

5.餐廳烹飪水準的穩定性。

米其林星是廚師夢寐以求的榮耀，摘下一顆星（或三顆）可以改變餐廳的命運，其中一顆星代表同類別中出眾的餐廳，兩顆星代表廚藝高明，值得繞道前往，三顆星代表出類拔萃的料理，值得專程造訪。

根據《米其林指南》2021年全世界共有132家三星級餐廳，其中位在台灣的有一家在台北君品酒店的頤宮，自2018年連續四年蟬聯三星，另外有8家餐廳獲得二星，分別是logy、RAW、祥雲龍吟、鮨天本、態芮、請客樓、JL Studio和侯布雄（一星升二星），有25家餐廳獲得一星，名單有：教父牛排、大腕、A Cut、金蓬萊遵古台菜、Impromptu by Paul Lee、謙安和、吉兆割烹壽司、Longtail、明福台菜海產、山海樓、鮨野村、鰭隆、天香樓、雅閣、鹽之華、渥達尼斯磨坊、明壽司、Forchetta、俺達の肉屋。此外，新入選的有：De Nuit、富錦樹台菜香檳（松山）、米香、牡丹、T+T、澀。

每年的《米其林指南》會公布三大榜單，除了米其林星級餐廳，還有米其林餐盤餐廳、米其林必比登推介美食名單。

1.餐盤評級：餐館環境（舒適度及品質），以交叉的湯匙和叉子符號表達出五個等級，分別為：尚算舒適、舒適、很舒適、頂級的舒適享受、傳統風格的奢華。

2.必比登推介：自1955年起，《米其林指南》透過其企業標誌「必比登」（Bibendum）推薦許多價格大眾化但提供高品質美食的餐廳，

這些餐廳在一個固定價格範圍內（比如歐洲城市是36歐元，美國城市是40美金，在香港是400港幣，東京是5,000日元，台北是1,000台幣）可以吃到有水準的三道菜。

《米其林指南》標誌說明	
✿ 星星標誌	星級評等分1星、2星、3星，最多3顆星星是最高榮耀。
😊 人頭標誌	「必比登推介」(Bib Gourmand)，米其林推薦最經濟實惠的美食，每人均消千元以下。
🍴 餐盤標誌	2016年開始出現，在多數國家指南中尚未普及，層級介於「人頭」與「叉匙」中間。
✗ 叉匙標示	評點用餐環境，依舒適度給予1個、最多5個叉匙符號。
🪙 銅板圖示	表示為便宜的銅板美食，提供一定金額以下的簡單餐飲。

米其林標誌說明

資料來源：demimondetw.com

《米其林指南》由低到高的符號表現：

額外符號：

🪙代表便宜、🍇代表藏酒豐富、✿代表愛惜資源永續餐廳

米其林每年公告這三種名單

延伸閱讀

Demi Monde半上流社會。米其林完全指南，https://demimondetw.com/2015-06-18-134/

Mao. Y., Tien. X., & Wang. X., (2021). I will empty it, Be my guest: A pragmatic study of toasting in Chines Culture. *Journal of Pragmatics, 180*, 77-88.

什麼是餐前酒？哪些酒適合做餐前酒？。紅酒百科全書的博客，http://blog.sina.com.cn/s/blog_8cad55d90102xmh6.html

防制酒駕專區——內政部警政署全球資訊網，https://www.npa.gov.tw/ch/app/folder/619

洪昌維編著（2019）。《葡萄酒侍酒師》。全華圖書。

菸酒產製進口統計資料──財政部國庫署，https://www.nta.gov.tw/multiplehtml/121

歐子豪、渡邊人美（2019）。《日本餐酒誌──跟著SSI酒匠與日本料理專家尋訪地酒美食》。積木文化。

Chapter

8

葡萄酒的藝術

第一節　葡萄酒入門知識

第二節　葡萄酒的品種與釀造

　　隨著潮流與風氣的改變，葡萄酒在華人世界已經是越來越常見，許多社交場合葡萄酒變成不可或缺的一部分，學習葡萄酒如同在社交場合上多增加一種語言，與人交談拓展人脈可以更加得心應手，享受「以酒會友」的樂趣。葡萄酒是一種藝術也是一種文化，對於歐洲人來說已經有幾個世紀的歷史，本章讓我們開始進入葡萄酒的殿堂，學習葡萄酒的基本知識，讓葡萄酒進到你的世界。

第一節　葡萄酒入門知識

一、葡萄酒的歷史

　　葡萄酒的歷史最早可追溯到西元前6000年中亞的美索不達米亞平原有大片葡萄園的種植，後來葡萄酒文化向西進到埃及，釀酒的過程也出現在埃及的壁畫上。在西元前2000年葡萄的種植進入到眾神之國——希臘，希臘是歐洲最早開始種植葡萄與釀製葡萄酒的國家，在希臘荷馬的史詩《伊里亞特》和《奧德賽》中，有很多地方出現了與栽培葡萄和釀造葡萄酒有關的故事，希臘人舉行葡萄酒慶典以表現對神話中酒神Dionysus的崇拜。羅馬人從希臘人那兒學會了葡萄栽培和葡萄釀造的技術後，在義大利半島全面推廣葡萄酒，創造了自己的酒神文化，羅馬的酒神名為Bacchus。西元前六世紀，希臘人把葡萄透過馬賽港傳入法國，將葡萄栽培和釀造技術傳給了法國人，隨著羅馬帝國的擴張，葡萄和葡萄酒迅速傳遍法國東部、西班牙、英國南部、德國萊因河流域和多瑙河東邊地區。羅馬帝國於西元五世紀滅亡以後，葡萄酒的發展便轉到了教會的勢力之下，基督教稱葡萄酒為「基督的聖血」，教會人員把葡萄種植和葡萄酒釀造當作工作，葡萄酒隨傳教士的足跡傳遍世界。

釀酒的過程出現在古埃及壁畫上

資料來源：www.gourmet.com

(一)釀酒學之父

法國的葡萄酒業非常有名，但是久置的葡萄酒會變酸，因此釀酒商向細菌學專家巴斯德博士（Louis Pasteur）請教，巴斯德首先研究了酒的發酵過程，他在實驗室以無菌的玻璃針取出葡萄裡的葡萄汁，放在密閉的試管內，由於葡萄汁並沒有接觸到空氣與附著在葡萄表皮的酵母，而無法產生發酵作用，因而發現發酵是因為微生物（酵母菌）的增長造成的。巴斯德告訴釀酒商，酒會變酸和發酵類似，不過是由不同的微生物（乳酸）引起的，在釀酒的時候要注意，避免讓其他菌種混入造成葡萄酒的酸敗。

細菌學之父Louis Pasteur

(二)葡萄酒釀酒公式

　　巴斯德在1857年發現了酒精發酵的原理，他提出「酒精不過是酵母菌的排泄物而已，二氧化碳則是酵母菌呼吸所產生的廢氣」，也就是葡萄糖經過酵母菌作用後，產生二氧化碳和酒精。事實上葡萄酒的釀造是很嚴謹的，並非含有葡萄汁的酒精飲品皆可稱為「葡萄酒」。葡萄酒的定義是「凡是由新鮮葡萄壓榨成汁，經由發酵的過程，而成為帶有酒精性的飲料，可稱為葡萄酒」。也就是說葡萄必須是用整顆原形的葡萄，而酵母則是在葡萄皮上的天然酵母菌，去釀造才是葡萄酒，其他如用濃縮葡萄果汁還原的方式製作，就不能算是葡萄酒。

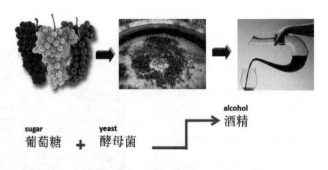

葡萄酒釀酒公式

二、認識葡萄酒的重要詞彙

　　葡萄酒詞彙有很多，本書節錄重要常用的詞彙，對於初入葡萄酒界的新手來說，瞭解這些詞彙在閱讀葡萄酒專書時有幫助，參加餐酒會時也能與人交談，算是進入葡萄酒的基本知識。

吳淡如代言潘朵拉紅酒事件：
你喝的紅酒是真的嗎？

　　根據《蘋果日報》報導，針對市售十二款熱賣平價紅酒，分別交由財團法人食品工業發展研究所、高雄餐旅大學和知名酒廠檢測，結果發現藝人吳淡如曾代言的潘朵拉葡萄紅酒及冰鎮紅酒，以及兩款大道玫瑰葡萄酒，疑未經醱酵釀造，摻水或以果汁加酒精調和而成。陳千浩表示市售酒類，有些以酒精、香精、糖精（三精）與蒸餾水（一水）調製成紅酒販售，皆未經過葡萄酒該有的發酵釀造方式製造。

吳淡如代言潘朵拉紅酒事件
資料來源：東森新聞2015/10/11

(一)舊世界與新世界的差異

　　全世界葡萄酒產區集中在北緯30～50度及南緯30～50度這兩個狹長帶狀區域，這是因為這個緯度非常適合種植釀造葡萄酒的葡萄。而在北緯有一個區域稱為葡萄酒的「舊世界Old World」，這裡有葡萄酒最早起源的幾個國家，包含法國、德國、義大利、西班牙、葡萄牙、奧地利、匈牙利等國，這些國家的葡萄栽種與釀造葡萄酒的歷史遠比其他國家要

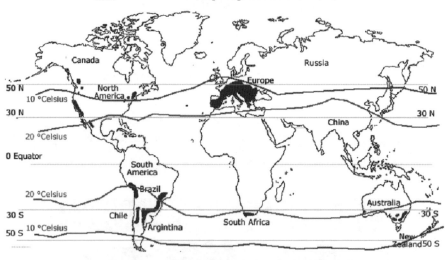

全世界葡萄酒產區

資料來源：researchgate.net

長遠；而「新世界New World」指的是美國、澳洲、紐西蘭、智利、阿根廷、加拿大、南非等國家。新世界釀酒的歷史最早也要從十六世紀才開始，主要技術多半是從舊世界來的。

◆ 舊世界與新世界的區別

　　舊世界基於傳統的風格，從釀造方式到酒標都有其堅持。以釀造方式來說都以嚴格的法律加以限制，從種植、採摘、壓榨、發酵、調配到陳釀都有詳盡的規定，例如歐盟法律禁止對葡萄園進行灌溉，因為他們認為這種人為的操控方式雖然能增加葡萄產量，但卻影響了葡萄酒的品質，近幾年西班牙對於這樣的規定已經鬆綁。此外，舊世界酒標的呈現以區域、酒莊為主，標示的想法是地理觀念，屬地主義；新世界酒標標示則多以葡萄品種為主，酒標的樣式創意多元、奔放有趣。

◆ 舊世界與新世界的風味

　　新舊世界的葡萄酒風味上，一般來說舊世界的酒口感清爽，比較內斂，酒精比較低；而新世界果香濃郁，味道則很奔放，酒精度比較高。不像舊世界有傳統的包袱，新世界酒莊是消費主義文化，很積極推廣酒款，釀造風格多變且討好消費者，常常是開瓶之際就果香四溢、濃重而澎湃。新舊世界各有愛好者，消費者可針對自己的偏好做選擇。

左邊為舊世界葡萄酒標，右圖為新世界葡萄酒標

(二)製作葡萄酒的葡萄之特性

◆ 製作葡萄酒的葡萄

　　首先要瞭解適合做葡萄酒的葡萄與我們餐桌上的葡萄是不同的，一般餐桌上受歡迎的葡萄應該是皮薄、葡萄籽小或甚至無籽，並且葡萄果實大且汁多甜美；然而適合製作葡萄酒的葡萄卻是皮厚、籽大顆、葡萄果粒小且十分甜膩；這樣的差別是因為葡萄酒的製作和萃取不只來自葡萄果肉也包含葡萄皮、葡萄籽等，這些帶給葡萄酒更多更豐富的風味。

食用葡萄與釀酒葡萄的比較

資料來源：winefuture.net

◆ 葡萄酒的風土條件（Terroir）

　　一瓶好的葡萄酒取決於Terroir，

葡萄酒的四種主要類型

資料來源：winefuture.net

葡萄酒的天地人

• 氣候／氣溫 • 降雨量 • 日照	• 土壤面向 • 土質／養分 • 排水	• 釀造歷史傳承 • 釀酒天分／經驗 • 釀造工法（有機、自然動態法）
天	**地**	**人**

- Sauvignon Blanc: 適合溫帶氣候，溫度太冷會出現不討喜的青梗味道，甚至出現貓尿味，天氣太熱就會出現濃郁的熱帶水果味，過多的話會令人感到噁心

- 坡地，向陽（東南向）→有利排水
- 例如Chablis土地曾經在海底下，生產的葡萄酒裡的礦物質搭配生蠔特別對味。

- 如同廚師有與生俱來的好手藝，音樂家有天賦，釀酒師也一樣

葡萄酒的天地人

也就是「風土條件」，風土條件包含天、地、人三個要素。

1.天：指氣候／氣溫、降雨量、日照。

2.地：土壤面向、土質及養分、排水狀況。

3.人：酒莊釀酒技術的傳承、釀酒工法、釀酒師的天分與經驗。

　　法國的波爾多就是有絕佳的風土條件，它位於北緯45度，地處法國西南部，是典型的海洋型氣候，墨西哥灣暖流使得大西洋海岸邊的波爾多氣候變得溫和，波爾多冬季少霜凍、夏秋兩季又有充足的日照，讓園區裡的葡萄在最適宜的溫度下完美成熟。波爾多的土壤是屬於礫石地質，排水性良好，三條主要的河流包含吉隆特河（Gironde）、加隆河（Garonne）與多爾多涅河（Dordogne）分出了左岸和右岸，提供了足夠的水分讓葡萄藤適度汲取水分，因此萃取出的葡萄酒值獨步全球。

◆ 葡萄酒的類型

葡萄酒有四種類型：

1.靜態酒（still wine）：紅酒、白酒、粉紅酒。
2.氣泡酒（sparkling wine）：香檳、氣泡酒。
3.加烈酒（fortified wine）：波特酒、雪莉酒。
4.香氣酒（aromatic wine）：指含有豐富香氣的葡萄酒，例如 Gewürztraminer、Muscat。

(三)葡萄酒產區

　　全世界的葡萄酒產區有很多，但最讓大家津津樂道且耳熟能詳的應該就是法國兩大產區了，台灣也種葡萄產葡萄酒，產量雖有限但表現獲得國際肯定。

◆ 法國波爾多和勃根地產區

　　法國葡萄酒中，有兩大知名產區：波爾多（Bordeaux）和勃根地（Burgundy），這兩個產區有得天獨厚的Terroir，誕生出不少世界知名的酒莊以及他們所釀造的知名酒款。在酒標上面，波爾多常以「Chateau」（城堡）這個詞，表示釀造用的葡萄產自酒莊內特定的葡萄園，而在勃根地，酒標上則常以「Domaine」（莊園）這個詞表示。波爾多有最著名的五大酒莊，包含拉菲堡、拉圖堡、瑪歌堡、侯伯王堡、木桐堡。而在勃根地更有全世界最貴的酒莊羅曼尼康帝酒莊（Domaine de la Romanée-Conti, DRC）。

◆ 台灣的葡萄酒

　　彰化二林號稱「台版波爾多」，早期種植釀酒用的「金香」、「黑后」，因為引用濁水溪灌溉，甜度高品質好，目前彰化二林有16家酒莊，年產大約2萬瓶，可以說是台灣紅酒之鄉。不同於歐洲的葡萄為一

波爾多知名的五大酒莊

	拉菲	拉圖	瑪歌	侯伯王	木桐
最早種植歷史	17世紀	14世紀晚期	16世紀	15世紀	18世紀早期
產區	梅多克	梅多克	梅多克	格拉夫	梅多克
所在村莊	波雅克	波雅克	瑪歌	佩薩克-雷奧良	波雅克
葡萄園面積 （單位：公頃）	112	78	82	51	90
平地產量 （單位：箱）	45,000	30,000	30,000	20,000	25,000
正牌酒產量 （單位：萬箱）	1.5-2	1.6-2	1.25	1-1.2	2-2.2
正牌酒均價 （單位：元）	8,771	6,539	6,694	5,960	6,733
副牌酒	拉菲珍寶	拉圖堡壘	瑪歌	小侯伯王	木桐副牌

資料來源：Asianme nubook.com

位於勃根地產區的知名酒莊DRC

年一獲，台灣葡萄一年有兩次收成。除了二林還有台中后里的「樹生酒莊」，吸取的是台中后里的沃土與大甲溪水的精華，釀造出「埔桃酒」獲得國際大獎。

(四)葡萄酒瓶與酒杯

◆ 葡萄酒瓶的形狀

常見的葡萄酒瓶有四種：

1.香檳瓶（Champagne）：瓶子本身較為厚重，因為要承受瓶內約6個大氣壓的力量。
2.波爾多瓶（Bordeaux）：瓶子形狀有肩膀，沿用早期法國波爾多產區的酒瓶，Cabernet Sauvignon（卡本內蘇維翁）、Sauvignon Blanc（白蘇維翁）葡萄品種使用此款瓶子。
3.勃根地瓶（Burgundy）：瓶子形狀為斜肩形，沿用早期法國勃根地

各式葡萄酒瓶

產區的酒瓶，Pinot Noir（黑皮諾）、Chardonnay（夏多內）大都使用這款酒瓶。

4. 霍克瓶（Hock）：Hock是德國葡萄酒的古稱，它用於德國萊因河流域和鄰近法國阿爾薩斯產區的白葡萄酒，因為不需長時間存儲，酒中也無沉澱，所以瓶身細長。

◆ 葡萄酒杯的介紹

葡萄酒杯形狀的設計是針對葡萄酒特性，以最適合的方式呈現，發揮各酒款特色，品飲酒杯的選擇以能夠搭配葡萄酒特性更能相得益彰，當然品飲者也可以盡情的享受自己喜愛的杯子，因為品飲葡萄酒本身就是一種取悅自己、品味人生的美好事情。

1. 香檳杯：傳統的香檳及氣泡酒杯在設計上保留長長的笛形，這樣極致細長的設計可以讓品飲者一邊品飲一邊觀賞細緻氣泡往上串流，達到視覺與味覺的共鳴。

2. 波爾多杯：法國波爾多產區紅酒的品種最常見的是Cabernet Sauvignon，飲用這類單寧強壯的酒款時，波爾多杯杯緣的設計可將酒液引導至舌頭中段，透過減少單寧直接與口腔接觸，達到柔化波爾多葡萄酒強壯單寧在口腔的凝重感，並讓舌頭能完整的感受酒液所帶來的觸覺體驗。

3. 勃根地杯：法國勃根地產區種植很多的品種是Pinot Noir，飲用這單寧低，酸度高的葡萄酒時，勃根地杯的杯緣設計則能將酒液引導至舌尖，利用酒液順著舌頭兩側流動增加與口腔壁的接觸，強化勃根地葡萄酒那柔美細緻的單寧及口感，並一定程度地減緩舌根部對酸的感受。

4. ISO杯：又稱國際標準品飲杯（International Standard Organization），它的容量僅215毫升，主要用於專業品酒比賽。

5. 萬用酒杯：形狀像是縮小版的波爾多酒杯，沒有特定用途，適用紅

白蘭地杯、香檳杯、ISO杯、萬用酒杯、波爾多杯、勃根地杯、大勃根地杯（由左到右）

各式酒杯

    酒、白酒及各式酒款。

6.白蘭地杯：白蘭地杯的杯子較矮短，握法是手掌朝上，食指與中指
    夾握杯柄的部分，其他手指環握住杯子，讓手掌的溫度將酒液的香
    氣釋放出來。

◆ 葡萄酒杯的握法

    一般葡萄酒杯都是高腳杯設計，品飲時手握高腳或是杯底的部分，
不要手持杯子本體，原因有二：

1.社交需要：不會在漂亮的杯子上面留下手印，保留視覺上可以看到
    酒液的最大部分。

2.手的溫度會影響葡萄酒的適飲溫度，握著杯子本體會讓溫度上升，
    特別是白酒、香檳等，溫度會影響口感，破壞了品飲的美好。

各種拿酒杯的方式

(五)侍酒師

　　根據法國侍酒師公會的描述，侍酒師（sommelier）原為負責食物、飲料等的補給和運輸者，後來演變為宮廷裡負責服務國王酒水的侍者。現在的侍酒師是在餐廳中負責食物與葡萄酒搭配推薦，以及做酒水管理的服務，為了完成這樣的工作，侍酒師需要有各種的學養和訓練，包含：

侍酒師at Le Cote LM

1.葡萄酒的知識：葡萄酒博大精深，侍酒師必須瞭解葡萄品種、產區、年份特色等，才能為客人提供最適合的資訊與建議，以及為餐廳做好後台餐酒管理，包含菜單與酒單的設計，以及葡萄酒保存及餐廳成本的控管等。

2.飲食文化的素養：對於各國飲食文化及料理食材的瞭解，還有烹飪手法的變化等，讓葡萄酒的搭配能相得益彰。

3.運營管理的能力：侍酒師之於餐廳最重要的功能是「銷售能力」，侍酒師最終的目標還是要為公司帶來生意和營收。

4.多種語言的能力：葡萄酒產國除英語系國家外，來自許多國家如法國酒、義大利酒、德國酒、西班牙酒……，侍酒師必須具有專業能夠介紹這些酒及酒標上的訊息。此外，侍酒師服務來自世界各國的客人，一定的語言程度可以讓工作更得心應手。

5.專業的服務技巧：侍酒師須具備專業的外表儀態，有美的鑑賞能力及良好的溝通藝術，還要有好的觀察力，看得出客人的喜好，方能給客人提供最好的餐酒服務。

(六)餐酒會

餐酒會（wine tasting party）近幾年非常熱門，餐酒會有幾種類型：以餐為主以酒為輔，或是以酒為主以餐為輔。其中以酒為主的類型又可區分為以國家為主題，例如西班牙餐酒會；以地區為主題，例如勃根地之夜；以酒的特色為主題，例如專喝DRC（Domaine de la Romanée-Conti）就是專喝法國勃根地的諾曼尼康帝酒莊所產的昂貴葡萄酒；其他如一支會La Paulée，是一群志同道合的酒友歡聚一堂，每人攜帶一支好酒與大家共同分享，享受美酒美食的聚會。

(七)薄酒萊新酒節

薄酒萊位於勃根地南邊，因礦物質含量豐富，特別適合種植「加

餐酒會類型

餐酒會類型	內容描述
以餐為主	餐為主角,伺酒師針對菜單與廚師密切討論之後,選擇適合的葡萄酒去搭配,需注意餐點的食材、烹調方式、醬料選擇等細節
以酒為主	酒為主角,因此大都不是正式餐會,廚師會依照酒單搭配可以為美酒提味的小點心
以酒為主的餐酒會	
以國家為主題	例如:西班牙葡萄酒會、阿根廷葡萄酒會等,此類餐酒會單純喝一個國家的葡萄酒,這類的酒會很多是特定葡萄莊園所辦的活動
以葡萄酒款為主題	例如:單純都是紅酒或白酒的餐酒會,或是單一葡萄酒款,例如Grenache、Pinot Noir
單一葡萄品種不同年份(垂直喝法)	例如:Chardonnay垂直年份的喝法,可以瞭解不同年份的差異
單一葡萄品種不同產區(水平喝法)	例如:喝不同國家不同產區的Sauvignon Blanc,去瞭解各個產區的特色
老酒會	例如:西班牙老酒會,特別開喝老年份的葡萄酒,主持酒會的人必須留意老酒的狀態,需很有經驗
高貴酒款	例如:DRC酒會,只喝法國DRC的昂貴葡萄酒
一支會	每人帶一支想要與好友分享的酒,這樣的聚會可以喝到各色的酒類,不設限有時也帶有驚喜

美」(Gamay)葡萄,薄酒萊新酒是使用當年採收葡萄所釀造的酒款,因為未經橡木桶陳釀,少了酒體層次的口感,風味充滿果香、適合即飲不需醒酒,每年11月第三個星期四,法國人會將當年9月入桶的薄酒萊新酒打開來喝,全世界的人同一時間開瓶慶祝,當天也會有大批觀光客聚集到法國薄酒萊,共同品飲當年的新酒,慶祝薄酒萊新酒節(Beaujolais Nouveau)。

(八)酒鼻子

酒鼻子(Le Nez Du Vin)是一整套訓練鼻子辨識葡萄酒香氣的工具,它是由法國人Jean Lenoir所發明的,因為學習辨別葡萄酒散發出來的

薄酒萊新酒節

資料來源：橡木桶官網

不同香氣是學會品酒的重要途徑之一，但有時候我們很難找到一個詞彙來
描述特定的香氣，這套培訓聞香的工具，可以練習自己鼻子的靈敏度，及
練習描述自己所聞到的味道，對於品飲葡萄酒有幫助。完整的酒鼻子共有
54瓶，含括了葡萄酒的所有味道。

酒鼻子

第二節　葡萄酒的品種與釀造

　　有關葡萄酒的知識博大精深，要瞭解葡萄酒並不是一朝一夕可以做到的，品飲之際如果對葡萄酒沒有基本的認識，那就難以一窺葡萄酒美妙之處。以下介紹葡萄酒的基本知識，包含葡萄酒的品種、特性及葡萄酒的製作等。

一、葡萄酒的品種

　　要認識葡萄酒要先認識葡萄品種，就像瞭解一個人的身分背景一樣重要，以台灣人引以為傲的芒果品種來說，不知道你喜歡愛文芒果、玉井芒果、金煌芒果還是台灣道地的土芒果呢？葡萄也有很多品種，建議學習葡萄品種應該使用英文或原文去學，因為這些品種的中文翻譯在兩岸三地可能有極大的不同，例如Sauvignon Blanc台灣翻成「白蘇維翁」，對岸翻成「長相思」，Gewürztraminer台灣翻成「格烏茲特明那」，對岸翻成「瓊瑤漿」，基本上台灣以音譯而對岸會以葡萄酒喝起來的感受或是外型翻譯，例如Cabernet Sauvignon台灣翻成「卡本內蘇維翁」，對岸翻成「赤霞珠」，為了能夠更方便溝通，建議一開始學習葡萄酒就以原文學習最佳，以下介紹常見的紅白葡萄品種：

(一)白葡萄品種

◆夏多內（Chardonnay）

　　夏多內生長在法國的勃根地地區，適應力很強，在全球幾乎都可以種植，且在不同產區會有不同的特色，可塑性強深受釀酒師的喜愛，夏多內有多種樣貌，也是少數可在橡木桶陳年的白葡萄品種。

◆白蘇維翁（Sauvignon Blanc）

非常受歡迎的品種，重要產地是法國的波爾多地區，在新世界地區如紐西蘭、美國、澳洲都有種植，其中紐西蘭的白蘇維翁在全世界很受歡迎。

◆灰皮諾（Pinot Gris）

灰皮諾是從紅葡萄品種黑皮諾（Pinot Noir）變種而來的，可以釀成白葡萄酒與粉紅葡萄酒，在法國的灰皮諾風味較濃郁厚實，在義大利的灰皮諾稱為Pinot Grigio，口味較清淡爽口。

◆麗思玲（Riesling）

Riesling幾乎是德國酒的代表，適合在溫度較低的氣候生長，入口的酸度較重，極少放在橡木桶陳放，帶有一絲蜂蜜的氣味，此外，Riesling常會有「汽油」的味道，科學家認為它源於陳放的過程中兩種多醣的水解反應造成，年輕的Riesling較喝不出來。

◆格烏茲特明那（Gewürztraminer）

這是德文，很長又很難念，它有獨特豐厚的果香，如荔枝、糖漬水果等豐滿香氣及甜潤口感，與中國料理很搭。

(二)紅葡萄品種

◆卡本內蘇維翁（Cabernet Sauvignon）

是目前非常受歡迎且評價極高的紅葡萄品種，果實小、皮厚、顏色呈深紫色，在中國稱為赤霞珠，由於皮厚因此酚類物質含量高，單寧澀味重，酒體強勁，陳年後細緻高雅，是款很適合陳放的葡萄品種。

◆格納許（Grenache/ Garnacha）

原產於西班牙，在當地稱為Garnacha，因為糖分高可釀成酒精含量

較高的葡萄酒，但單寧含量相對較少，在西班牙通常會混入Tempranillo，Grenache是西班牙很重要的葡萄品種。

◆梅洛（Merlot）

梅洛有「新手酒」的稱號，因其單寧較為柔細酸度也較低，口感滑順好入口，適合葡萄酒新手，梅洛與卡本內蘇維翁的混釀很常見，是各取其特性釀造出大眾喜好的口味。

◆黑皮諾（Pinot Noir）

黑皮諾原產於法國勃根地產區，皮薄不易栽種是個嬌貴的品種，葡萄酒的好壞差別很大。黑皮諾也是釀造香檳的主要品種，其風味優雅、細緻、香氣豐富多變，多數是單一品種釀造。

◆希哈（Syrah/ Shiraz）

原產於法國隆河，其酒色深黑、酒香濃郁且單寧含量很高，適合陳放。除了法國之外，最著名的產區就是澳洲，在澳洲稱為Shiraz，風格濃厚強勁。

二、葡萄酒的釀造

釀造葡萄酒是運用大自然的恩賜，也就是葡萄本身的糖分加上葡萄熟成時果皮上的酵母菌，這樣的釀造就產生二氧化碳和酒精，基本步驟為：

1. 採收：在台灣的葡萄栽種是採「棚架式」，而歐美的葡萄樹大都因人工干預之故，葡萄樹高度維持在適合採收高度屬「直立木柱式」。葡萄採收分成機器採收與手工採收，嬌貴的貴腐葡萄則需人工靠經驗採收，採收之後再經過篩選。
2. 榨汁：過程中葡萄會破皮，讓果肉與皮上面的酵母菌接觸，然後倒入機器榨汁，此時壓力不能太大，但為了保有葡萄顏色及更多風

法國的葡萄園採「直立木柱式」

資料來源：winetaste.com

台灣多採「棚架式」

資料來源：彰化埔鹽「小木屋葡萄園」

味，因此會反覆做下壓（push down）和淋皮（pumping over）的動作，讓色澤及單寧口感達到釀酒師想要的程度。

3.發酵：榨汁後的葡萄汁放入不鏽鋼槽中進行發酵，此時葡萄汁的糖分經酵母菌發酵作用之後便轉換成二氧化碳和酒精，發酵的過程中一旦葡萄糖全部轉化、溫度升高超過45℃，或是酒精度超過16%，就會把酵母菌殺死，發酵作用因而停止，因此常見葡萄酒的酒精度大約在14～15%以下。

4.過濾培養：將葡萄酒中的雜質過濾去除，紅酒則放在橡木桶中培養，這樣可以讓橡木桶的香氣融入酒中，使葡萄酒的風味更豐富。

5.裝瓶熟成：最後是裝瓶後放在酒窖中存放會更加穩定，之後上市販售。

(一)白葡萄酒釀製

採收篩選後當天破皮，將果皮和葡萄籽與梗分離避免釋放苦澀味，然後將葡萄汁放入不鏽鋼槽進行發酵，熟成後過濾裝瓶，有些白葡萄酒會進橡木桶熟成增添風味。

(二)紅葡萄酒釀製

紅葡萄採收篩選後破皮，讓葡萄汁和果皮接觸，從葡萄皮中取得色澤和單寧（浸皮的時間大約數天到兩週），然後進行發酵，發酵好之後去除雜質使酒質澄清，然後置於橡木桶培養熟成。

(三)粉紅葡萄酒釀製

粉紅酒的釀製是用紅葡萄採收後榨汁，此時需要經過浸皮但時間只需數小時到三天左右，這樣只取葡萄皮的色澤不取單寧，濾掉皮之後再繼續發酵。

(四)氣泡酒釀製

以釀造白酒的方式進行第一次發酵，大多數的氣泡酒沒有年份，這是因為調配了不同葡萄品種或是不同葡萄園或以不同年份做基酒，調配後加上葡萄汁和酵母繼續發酵，然後裝瓶密封，此時瓶中進行第二次發酵產生二氧化碳溶解在酒中，熟成後將沉澱的酵母菌做除渣，然後補液再裝瓶以軟木塞和金屬環固定密封。

三、讀懂葡萄酒標

(一)葡萄酒的名牌——酒標

葡萄酒上的酒標就如同帶在身上的名牌一樣，也就是葡萄酒的身分證，上面載明許多重要訊息，一般包含酒莊、產區、葡萄品種、年份、國別、酒精度。

澳洲Lindemans酒莊Cawarra系列
希哈（Shiraz）和卡本內蘇維翁（Cabernet Sauvignon）混釀而成
2002年，酒精度13.5%
葡萄酒標

(二)葡萄酒的標章

　　有些酒瓶上可以發現貼有取得比賽殊榮或是獲得優良評比的認證標章，市面上有很多此類評比標章，提供買家選酒參考，最有名的是PP Point，它是由美國人羅伯‧派克（Robert M. Parker Jr.）所創建的，他是全球葡萄酒評論界無可爭議的名人，也是世界上最具有影響力的葡萄酒評論家。派克對於紅酒以派克點數Parker Point簡稱PP的方式來做評分，滿分為100分。

　　Robert Parker創立的*The Wine Advocate*雙月刊雜誌，定期評論及提供

羅伯‧派克與他所創立的葡萄酒評論雙月刊

THE 100-POINT SYSTEM

100 – 96	Incredible!
95 – 90	Great!
89 – 85	Very Good!
84 – 80	Good
79 – 70	Average
69 – 60	Below Average
59 – 50	Not Recommended

PP點數代表的意涵

葡萄酒最新資訊，除了PP Point，市面上還有許多對葡萄酒評比的協會、機構或比賽認定標籤，這些都是提供消費者在購買葡萄酒時的參考。

上面的金色標籤 SA WOMAN'S WINE & SPIRITS AWARDS 2018
是由全部女性評審評比的酒類比賽得金牌獎，下面銅色標籤CHINA
WINE & SPIRITS AWARDS 2018是中國葡萄酒及烈酒大賽銅牌獎項
葡萄酒上的標章可作為購買時的參考

(三)何謂葡萄酒「好的年份」？

葡萄酒酒標上的年份是指「採摘的年份」，有些人誤以為是裝瓶或上市的年份，那是不對的！購買葡萄酒時有些人會挑「好的年份」，究竟好的年份指的是什麼呢？葡萄作為一種農作物，葡萄生長期間的光照、溫度和降雨量等因素會有所差異，進而影響了葡萄酒的產量、品質與風格。我們常說：「葡萄酒七分靠原料，三分靠釀造」，因此當年份的天氣狀況確實會影響葡萄酒的品質。試想，如果天公不作美，葡萄快採收了突

然下了大雨，不但葡萄品質變差也會影響葡萄酒的產量。消費者其實不需要追捧年份，也並非壞的年份就沒有好的酒，有些優秀的酒莊有得天獨厚的風土或是好的釀酒師的技術，也能釀出優質酒款讓人驚喜。

(四)葡萄酒越陳越香嗎？

年份越老越好？葡萄酒越陳越香？葡萄酒的陳放需要有先天和後天的條件，一些特定的葡萄品種特別適合陳放，而在後天的條件上要考慮陳放的條件，包含溫度、濕度、陽光等因素限制。如果先天失調後天又不利，那麼葡萄酒的存放就要好好考量。

 課堂活動設計

1. 準備各式葡萄酒杯，請學生辨識其不同並說明個別功能與搭配的酒款。
2. 準備各式葡萄酒瓶，請學生辨識形狀的不同。
3. 準備「酒鼻子」讓學生分組，將54瓶味道小瓶平均分給各小組，讓學生練習聞到的味道是什麼並說明。
4. 請同學試著上網查詢台灣有哪些頗具規模的葡萄酒莊。

延伸閱讀

WSET Level 1, Level 2教材。
王淑儀譯（2016）。佐藤陽一著。《葡萄酒餐酒誌》。積木文化。
王鵬、吳郁芸譯（2020）。葛瑞格‧克拉克、蒙特‧畢爾普著。《文豪們的私房酒單》。麥浩斯。
林裕森（2007）。《葡萄酒全書》。積木文化。
林裕森（2013）。《弱滋味》。水滴文化。
黃雅慧譯（2020）。渡辺順子著。《商業人士必備的紅酒素養2：頂級葡萄酒的知識與故事》。大是文化。

Chapter

9

葡萄酒品飲

第一節　葡萄酒器具
第二節　葡萄酒品飲

好的葡萄酒品飲經驗就像欣賞藝術品一樣，是五感的體驗和身心靈的享受。品酒的過程是感官品評，包含周圍環境、人的身心狀態和葡萄酒的準備都會影響著整體品飲饗宴。首先是準備好「自己」，讓自己有個愉悅的心情，身心放鬆，參加葡萄酒會如果有服裝要求，就要依照邀請函做合宜的打扮，從心理學家觀點來看，你若盛裝打扮，那麼美好的心情自然降臨，適度裝扮會讓人產生自信，對於外界的事物能夠去開放感受和學習。其次是「他人」，獨自品飲固然有其樂趣，但遇上幾瓶好酒會想要約幾個知心好友共同品味，所謂「與君共飲一杯酒」，才能品得到共享的奧妙，尊重與觀照共同品飲者的感受能讓品飲經驗更完美，而主辦酒會的主人則要將環境和設備及葡萄酒準備到位，才能讓賓主盡歡。本章節介紹品飲葡萄酒的準備工作。

第一節　葡萄酒器具

　　在台灣參加餐酒會或是葡萄酒品飲聚會越來越常見，參加這樣的場合有沒有什麼要注意的呢？葡萄酒禮儀中很重要的就是記得參加品飲會時千萬「不要擦香水」，因為品飲葡萄酒很重要的是品味葡萄酒的香氣，身旁若坐了一位擦著濃厚香水的人，使得感官鈍化什麼味道都聞不到一定很掃興吧！葡萄酒是生活中美的饗宴，這樣感官品評的事情，一定是眼耳鼻口全身的感受。那麼若是自己打算舉辦一場葡萄酒聚會應該要準備哪些器具？從葡萄酒開瓶、倒酒、品酒甚至餐酒配，有哪些需要知道的基本知識呢？

作者於中興大學「淺酌細品葡萄酒」課教學

一、葡萄酒品飲準備

(一)溫度

　　品飲葡萄酒需要先做好準備工作，首先要先預備主角──葡萄酒，也就是讓葡萄酒保持在適飲溫度。特別是白酒需要預冷（pre-chill），白酒適飲溫度大約是9～12℃，香檳或是甜酒的溫度應該更低，大約在6～8℃左右。一般來說酒窖都有很適合的保存條件，包含溫度和濕度的控制，如果家裡沒有這樣的設備，可以將白酒先冷藏，或是放在冰桶，冰桶內裝水和冰塊保存。紅酒的適飲溫度是室溫或是18℃左右，如果天氣很熱一樣可以將紅酒放在冰箱冷藏，要喝之前取出回溫，如果天氣很冷，必要的時候也可以使用方法讓紅酒回復到適飲溫度，例如放置在微溫的水中。此外，紅酒要先醒酒，目的是要讓它跟空氣結合（breathing），這樣不會有太直接的酒精味道，同時單寧與空氣結合之後會更加柔和適飲。

白酒需要預冷，開瓶後也要放置在冰桶

(二)軟木塞

　　要開一瓶葡萄酒首先要介紹軟木塞，葡萄酒的蓋子其實不只有軟木塞，還有金屬旋轉蓋等，以下介紹各式用來封蓋葡萄酒的素材：

軟木塞

◆天然軟木塞（natural corks）

　　天然軟木塞算是環保概念，因為它不需要砍樹而是取一種叫做栓皮櫟的軟皮橡樹，取其樹皮做成的。為了保證軟木塞的品質，橡樹長大到25歲之後，每九年剝一次皮，每次剝皮必須留1/3不能全部剝完，軟木橡樹可以活到170～180歲。

◆複合塞（agglomerate corks）

　　軟木塞壓完後剩餘的木材會碾碎成顆粒狀，用來製成複合塞，這樣也比較不造成浪費。有另外一種複合式的方式稱為1+1或2+2的方式，也就是將圓盤式軟木包裹在複合塞上面，這樣葡萄酒仍然是接觸到自然的橡木軟木塞上。

◆合成軟木塞（synthetic corks）

　　是現代科技與傳統木塞製作工藝結合而來的產物，這類的軟木塞用橡膠或食品包裝塑料製成，有的則用木屑或用過的軟木塞加工而成，也有用甘蔗製成的，可製作出各種七彩顏色的合成軟木塞。

合成軟木塞

資料來源：Kaola.com

◆氣泡酒軟木塞（sparkling wine corks）

　　氣泡酒的軟木塞不同於靜態酒，它必須耐得住酒瓶內氣壓的力量，一般大約4.5～6個大氣壓，因此軟木塞製作成下端較寬的形狀，避免軟木塞暴衝。

◆金屬旋轉蓋（screw caps）

　　有越來越多酒廠使用金屬旋蓋封瓶，因為便利性而且價格較低廉，但如果因此就認為使用金屬旋轉蓋的葡萄酒就比使用軟木塞的葡萄酒低廉那麼就錯了，事實上使用軟木塞的優點確實可以讓葡萄酒呼吸，而使得口感變得更加圓潤，然而軟木塞也有質變的風險，因此金屬旋轉蓋確實有其便利性，有越來越多白酒使用金屬旋轉蓋。

軟木塞的質變

　　軟木塞的保存狀況與葡萄酒品質有密不可分的關係，葡萄酒貯存需要有一定的溼度和溫度，存放時需要讓酒液浸泡到軟木塞，避免乾裂導致空氣進入讓葡萄酒氧化。有一種化學物質叫做TCA（三氯苯甲醚）會造成軟木塞污染，它是空氣中的細菌、真菌和氯及酚類化合物，會讓葡萄酒喝起來有不愉悅的味道，例如溼報紙、發霉地下室等，或是讓葡萄酒的酒香不足，十分掃興。

二、葡萄酒開瓶器具

(一)開瓶道具

◆鋁箔切割器（foil cutter）

　　是用來切割外包在軟木塞的鋁箔，讓鋁箔切口可以保持平整清潔。

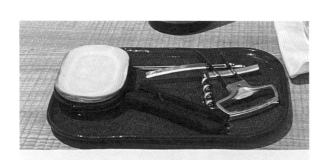

開瓶器（Ah-So和侍酒師刀）

◆開瓶器

　　專業的開瓶器稱為侍酒師刀（sommelier's knife），其實只要使用侍酒師刀就不需要有鋁箔切割器，專業的侍酒師可以用一端的小刀以熟練的動作優雅又俐落的劃破鋁箔，然後再用選轉端稱pig tail鑽入軟木塞，然後以槓桿原理將軟木塞拉出。

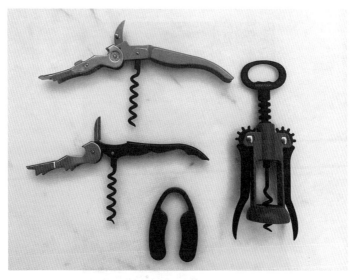

左邊是兩支侍酒師刀；右邊是蝴蝶開瓶器；下方是鋁箔切割器
葡萄酒開瓶器具

◆ 其他開瓶器

針對老酒的開瓶器稱為Ah-So，它是用兩片特殊鋼材夾出脆弱的軟木塞，其他有些比較華麗的開瓶器，例如兔子開瓶器，另外家庭常用的有蝴蝶開瓶器，都十分便利。

(二)醒酒器

白酒通常不需要醒酒，但也有專門的白酒醒酒器適合給陳年的白酒使用。而如果是陳年的紅酒或是酒體強勁的紅酒通常建議醒酒，這樣會讓酒液更加溫潤容易入口，醒酒器稱為decanter，醒酒的動作就稱為decant，陳年的酒有時不只需要一次醒酒，可以double decant去重複做醒酒的動作。坊間有各式醒酒器，例如電子醒酒器可以設定醒酒的時間0～180分鐘，另外也有稱為神奇醒酒器（magic decanter），讓醒酒過程更加快速，但如果要品飲一款鍾愛的葡萄酒，還是建議給她時間讓她慢慢甦醒，讓葡萄酒液「與你相遇在最美的時候」。

醒酒

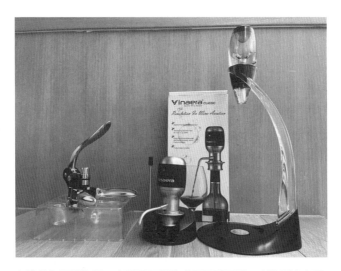

左邊是兔子開瓶器；中間是可調節式電子醒酒器；右邊是神奇醒
酒器

開瓶器與醒酒器

各式醒酒器

三、品飲前的準備

(一)酒杯

選對酒杯才能留住香氣，讓感官充分發揮，在第八章已經說明各式葡萄酒杯的不同以及對應的葡萄酒款，持杯時注意手勢優雅更顯專業，讓自己和葡萄酒都是最美的畫面。

(二)倒酒

倒酒時不能肆意的倒，酒量到底要倒多少呢？仔細觀察杯子的形狀，酒液的高度不要超過杯子最寬的水平線，這樣一方面可以維持適飲溫度，一方面也有較大空間可以搖杯，讓葡萄酒的香氣可以充分散發出來。

(三)葡萄酒周邊器具

葡萄酒愛好者肯定多少收藏一些葡萄酒周邊器具，這些周邊器具都是為了讓品飲更添趣味，其實也是送禮很好的選擇，畢竟葡萄酒口味非常個人化，但周邊的道具絕對可以使用到而且價錢也不貴，是送給葡萄酒愛好者當作禮物的選項。

◆ 倒酒器

倒酒器有各種設計，有些內部有篩子可以過濾異物，也有可拋棄式的軟片，非常適合在外面的品酒會使用，用完即丟也很衛生。在自家可選各式倒酒器，方便倒酒不會低漏出來弄髒衣服或是酒液畫過酒標，影響品飲的心情，當然侍酒師並不需要使用這類產品，畢竟他們對服務駕輕就熟，看他們優雅專業的形象也讓用餐體驗增色不少。

◆酒瓶環

　　這個圓形像「魔戒」的圓環，中間有一塊棉布可以吸取流出來的酒液，使用時把它套進葡萄酒瓶口就可以，對於不擅長倒酒，又不希望弄髒酒標者是個好的工具。

◆塞子（stopper）

　　葡萄酒沒喝完，軟木塞又不容易塞回去，怎麼辦呢？可以依喜好選購各式形狀的塞子。有一款塞子有抽氣的功能，可以將酒瓶內的部分空氣抽出來以利葡萄酒的保存，未喝完的葡萄酒塞好之後保存在冰箱冷藏，但仍建議儘快飲用完畢或是當烹飪酒使用，以免葡萄酒酸化或是變質。

上排：左一為真空抽氣塞子，其餘為各種造型塞子
下排：右一為倒酒環，其餘兩個是倒酒器
葡萄酒周邊器具

第二節　葡萄酒品飲

　　品飲大致可分為「視覺」、「嗅覺」、「味覺」三個部分，看似以「味覺」為主，但是前兩個部分占了很重要的功能，味覺只是再次確認你的判斷，畢竟嗅覺能分辨的味道遠遠多於味覺。同學可以多練習「視覺」與「嗅覺」。新手沒有很多品飲的機會，也可以使用酒鼻子練習自己的嗅覺、嘗試多描述葡萄酒的功力，同時一邊練習寫葡萄酒筆記，記得品飲葡萄酒的時候是「喝進腦袋裡」，也就是去記憶品評這瓶葡萄酒的樣貌，可以使用輔助App例如Vivino、Wine-Searcher，透過掃描葡萄酒標，看看其他人寫的葡萄酒筆記（wine note）。總之，多喝、多寫、多閱讀葡萄酒書籍可以更容易親近葡萄酒。

一、品飲葡萄酒的順序

　　品飲葡萄酒有一定的順序，這是為了讓自己的味蕾保持在最佳狀態，試想如果先吃了巧克力再吃水果，肯定所有水果都不好吃了，同樣

Napa Valley 酒莊於戶外舉辦品酒會

的，在品飲葡萄酒時，注意順序才能漸入佳境，大原則是先喝氣泡酒，接著是白酒、粉紅酒以及紅酒，然後才是蒸餾酒或是加烈酒。而在喝葡萄酒時，不論是白酒或是紅酒都可以遵循以下的原則：

1.先喝清淡的再喝濃郁的。
2.先喝白酒再喝紅酒。
3.先喝年輕酒再喝老齡酒。
4.注意餐點的調味去選擇搭配。

二、品飲葡萄酒的4S

喝葡萄酒是一件既簡單又開心的事情，只要「對味」就可以了，畢竟開心就好！但如果談到真正的品酒則要講究步驟，也就是品酒的4S法則，網路上有不同版本的4S，內容大同小異，中國人把4S演繹成中醫把脈的「望聞問切」，其實品飲就是感官品評，從眼睛到鼻子到嘴巴用心地品味，就能跟眼前這一瓶葡萄酒交談了。

(一)搖（swirl）

首先是搖杯，這樣可以讓香氣散溢，同時方便看清楚顏色。搖杯時如果是右手持杯則以逆時針的方向搖杯較順手，如果使用左手則採順時針方向，原則上是以自己為中心向內搖，身體和手比較好控制，也不至於濺灑到他人。如果放在桌上，可以以手指穿過酒柄（leg）手掌貼著桌巾，這樣小範圍的搖較不易濺灑，順時針或逆時針都可以。觀看葡萄酒的顏色時則可以向著光，或是以白色的紙或是白色桌巾當作底色，更容易看清楚葡萄酒的顏色。

(二)聞（smell）

其次是用鼻子聞，聞的時候將鼻子湊近酒杯，頭稍微低一些，在杯

搖杯可以放在桌上或是拿起來搖，注意不要濺撒出來

子裡吸氣而不要呼氣，可以晃一下酒杯，讓酒香更容易突出，然後去感受所聞到的主體香氣是果香還是草本香氣，還是有其他陳年的味道和橡木桶味道。

(三)啜飲（slurp）

接著啜飲一小口，含在口中不要急著馬上吞下去，用舌頭在口腔裡快速攪動，讓整個口腔的上下顎充分與酒液接觸，也可以像是漱口一樣將酒液向左邊、右邊送，或用牙齒輕咬，或是將嘴巴微微張開呈「O」形，然後用嘴吸氣，像是把酒吸回去一樣，此時會產生「呼嚕嚕」的聲音，擾動的空氣正可以再次接觸葡萄酒，將酒香更擴散出來。

(四)吐／吞（spit/ swallow）

到底是要吐還是吞？在用餐場合中，品飲的最後步驟當然是把酒吞

下去，不過如果是「品」酒，或是在專門的「品酒會」那麼吐酒就是專業而非失禮了。因為品酒會要喝的酒一定不少，如果每次都吞下去那麼就容易醉，影響到後面品飲的感官判斷了。事實上，專業的品酒師常常是把酒吐出來的，藉由最後這吐的動作讓嘴巴回味葡萄酒的風味更能品鑑出葡萄酒的特色，因此專業品酒師的吐酒技術普遍純熟而自然。

品飲不同款葡萄酒時會準備水和吐桶

　　品飲不同類別的葡萄酒時，最好準備多個酒杯，方便比較顏色及味道；轉換不同風味的葡萄酒時，可以飲用白開水或是氣泡礦泉水，作為品飲之間的緩衝，也能夠維持味蕾敏感度。

三、葡萄酒的香氣

　　葡萄酒的香氣分成三類：

1.第一類香氣稱為「品種香」：是葡萄這個水果本身的香氣，它是來自葡萄品種本身而非來自釀造過程的香氣，這類的香氣以香甜的果香或是芬芳的花香為主。

2.第二類香氣稱為「發酵香」：是指葡萄酒釀製過程產生的香氣，它
是葡萄果香與酵母作用，再加上跟橡木桶接觸產生的香氣。

3.第三類香氣稱為「陳釀香」：是指葡萄酒在陳釀過程中所發展出來
的氣味，也就是葡萄酒陳年後產生的氣味。

在聞香的過程當中，這三類香氣可以幫助我們瞭解這瓶葡萄酒可能
的葡萄品種、有沒有進橡木桶及是否為陳年葡萄酒。

葡萄酒香氣的分類

· 水果類味道：例如白酒裡面有白色水果香味，如蘋果、梨子等；紅
酒中有莓果類香氣，例如草莓、櫻桃等香氣。
· 花卉類味道：例如玫瑰花、紫羅蘭等。
· 植物和香料類味道：例如胡椒、松露等。
· 動物類味道：例如皮革。
· 烘焙類味道：例如烤麵包。

四、葡萄酒的「平衡」

一款好的葡萄酒應當在各方面都協調平衡（balance），我們常說的
平衡指的是單寧、酸度、甜度、酒精度、果香、餘味之間的平衡，這些元
素都平衡就能構成一瓶好酒的基本要素，試想如果吃糖醋排骨發現少放
了糖或是沒有醋，那一定不好吃，葡萄酒也是一樣，哪個元素太多或不
足，葡萄酒就不平衡了，以下分別介紹葡萄酒的五大元素：

(一)酸度（acidity）

葡萄中主要有三種酸：酒石酸、蘋果酸及檸檬酸。酸度是這瓶葡萄
酒的骨架，葡萄酒如果沒有酸度那會感覺酒液鬆弛和老化，過多的酸度

又會讓人無法飲用，因此平衡是關鍵，酸度入口會讓人有「生津」的感覺，會讓人覺得嘴巴不由得分泌出唾液之感，一般來說在寒冷地區釀造的葡萄酒，會比起熱帶地區酸度來得高，此外，白酒的酸度通常也比紅酒高，有些白酒喝起來很酸爽，會以crispy形容，就是酸度的指標。

(二)甜度（sweetness）

葡萄酒中的甜味來自葡萄未發酵保留下來的部分。剩下的糖分含糖量越高的葡萄酒，要有相應的酒精含量才能使之和諧，因為只有甜味會過於單調。有時聞起來有甜味可能是來自葡萄酒的果香或花香，但實際品飲可能是不甜的。葡萄酒殘糖量如果很少則稱為干型（dry），歐盟規定4g含糖量以下就是干型葡萄酒，其次是半干型（semi-dry），然後是半甜型（semi-sweet），然後是甜型（sweet）。

> 需注意的是干型葡萄酒與這款酒「口感很dry」是不一樣的，口感很dry一般指的品酒時那種舌頭上乾澀的感覺，通常發生在高單寧的酒款，因此會有人說這個口感dry了一點，這裡並不是形容甜度的dry，須特別留意。此外，dry在香檳卻表示「甜」的意思，因為在香檳的不甜是「brut」。

(三)酒精度（alcohol by volume, abv）

酒精度可以靠著酒精灼燒喉嚨的強度來判斷，原則上歐洲的寒帶氣候使得葡萄的甜度較低，因此酒精度也相對較低，而美國、南美等國家酒精度較高。酒精的甜味會在口腔中營造出一種溫暖、柔和的口感，有經驗的釀酒人會將糖分和酒精取得微妙的平衡，殘糖量越高的葡萄酒，只能將酒精提高才可以使葡萄酒的滋味和諧。

(四)單寧（tannin）

單寧是來自葡萄皮、葡萄梗、葡萄籽、橡木桶，因此白葡萄酒不會有單寧。單寧在嘴巴的口感就彷彿是喝「隔夜茶」，因為單寧會將嘴巴內的蛋白質沖洗掉，因此會覺有澀澀的口感，單寧也會減弱果香，因此清爽的葡萄酒單寧含量不應該過高，而單寧是紅葡萄酒陳釀的保障，因為紅酒內的單寧與酸度成分越高，氧化速度便會減緩，因此單寧成分較少的紅酒能保存的時間就會較短。此外，單寧也被認為有益於心臟，能保護動脈管壁，防止動脈硬化，亦可控制膽固醇，是葡萄酒好處的來源。

(五)酒體（body）

是葡萄酒液進到嘴巴的重量，就像全脂鮮奶和無糖綠茶喝到口中的口感是不同的，酒體一般分成輕盈（light body）、中等（medium body）、厚重（heavy body），酒體厚重可稱為bold，酒體輕盈則稱light。影響酒體的因素和葡萄酒的單寧、酒精度和殘留的糖分有關，現今的紅酒趨勢喜歡較飽滿的酒體，因此較容易見到酒精度14%以上的葡萄酒。

(六)尾韻（aftertaste/ finish）

一瓶好的葡萄酒通常口感豐富，有很多層次，並且尾韻也較持久。所謂「尾韻」也就是這款葡萄酒喝下去之後在我們口腔停留的感覺持續多久，而這也是判斷葡萄酒品質優劣的重要指標。尾韻可以「短、中、長」來形容，或是以秒數來計算。

五、演繹式品飲法

演繹式品飲法（systematic approach to tasting）為WSET英國葡萄酒與烈酒基金會認證課程所使用的葡萄酒品飲法，這個方法主要精神來自侍酒

演繹式品飲法

大師提姆‧蓋瑟（Tim Gaiser）。演繹式品飲法是用循序漸進的方式去品飲葡萄酒，從視覺開始、嗅覺到味覺對一款葡萄酒的演繹。

(一)視覺（appearance）

　　欣賞觀察葡萄酒的顏色，要注意室內的光線是否太昏暗影響視覺，可以透過一張白紙或是白色的桌巾去觀察葡萄酒的顏色，並試著去描述酒色，其中又可將顏色加上層級，例如淡（light）、中等（medium）、深（dark），例如形容一瓶白酒的顏色為medium gold。以下為葡萄酒顏色：

　　1.白酒的顏色一般分為：

　　　(1)檸檬綠（lemon）：較年輕的白酒。

　　　(2)金黃色（gold）。

　　　(3)琥珀色（amber）：較陳年的白酒。

　　　白酒陳年以後顏色會變深。

　　2.紅酒的顏色一般分為：

　　　(1)紫色（purple）：較年輕的酒。

　　　(2)紅寶石色（ruby）。

　　　(3)石榴色（garnet）。

　　　(4)黃褐色（tawny）：較陳年的酒。

　　　紅酒陳年以後顏色會變淺。

> 酒痕／掛杯（tears, legs）：搖晃酒杯的時候會看到酒痕，酒痕與殘糖量和甘油類以及酒精有關係，一般來說，德國白酒因為殘糖量和酒精濃度低，其酒痕移動快速，反之，如果是殘糖量高且酒精濃度高的葡萄酒，例如澳洲的Shiraz就是一款酒痕較明顯的葡萄酒款。

酒痕或稱掛杯

(二)嗅覺（nose）

　　一般味覺只能品嚐酸甜苦辣鹹等味道，但是嗅覺卻可辨別超過十萬種味道，當品飲者的身心狀態良好的時候應當更能感受葡萄酒的風味差異，品飲葡萄酒的方式是將鼻子放進酒杯當中吸氣，將嘴巴微微張開去品飲葡萄酒的芳香和醇味，一般來說芳香是指年輕的香氣，而醇香則是熟成的香氣。用心去辨別香氣，剛開始或許很難說出聞到什麼香氣，常常怎麼聞也說不出個所以然，那是因為我們的嗅覺搜索引擎疏於練習，因為鼻子沒問題、大腦對於各種味道的資料庫（data base）也很完整，但屬於嗅

覺中葡萄酒味道的搜索引擎卻很少使用，因此就很難說出聞到了什麼香氣。

(三)味覺（palate）

品飲時包含酸度、酒體、香氣、酒精度、餘韻等，品飲時要喝進腦袋，而不只是吞下去這樣雲淡風輕，要把對這瓶葡萄酒的感覺做記憶，可以寫葡萄酒品飲筆記記錄下來。

喝葡萄酒錯誤的方式

· 過度搖晃酒杯：並非所有的酒都需要醒酒，例如薄酒萊新酒就是開瓶即飲，搖酒杯也不需要搖個不停，因為酒液醒酒之後會達到最高峰，之後就會有變得鬆弛（flat），這樣就太過頭了。

· 倒太滿：酒杯充滿了酒液這樣沒辦法搖酒杯，而且沒辦法很快喝完也容易錯過適飲的溫度，特別在夏天高溫之下，白酒或香檳溫度很快就提高。

· 放太久：葡萄酒沒喝完放到忘記，可能已經讓葡萄酒酸化變醋或甚至變質。

三、餐酒配（food wine pairing）

浪漫的法國人形容美妙的餐酒搭配就像結婚一樣，好的餐酒搭配是食物跟酒能互相提升風味，互相帶出對方的優點，甚至產生意想不到的美妙。如果對於餐酒配沒有概念，最保險的方式是地區菜餚搭配地區酒，就如同進中國餐廳會喝烏龍茶，吃港式飲茶會想要搭配普洱茶，台式快炒要搭配啤酒、日本料理搭配清酒一樣才對味，這種原則下的餐酒搭配大致十拿九穩，不易出錯。因此勃根地的紅酒牛肉搭配勃根地的黑皮諾就很適

合，而吃美式牛排搭配加州的卡本內蘇維翁就很對味。而有許多人認為紅酒搭配紅肉，白酒搭配白肉，這只是一個參考，因為餐酒配需要留意醬料造成的效果，西方菜色大都著重在食材，而中國菜喜歡加醬油或是辛香佐料，如蔥、薑、蒜及辣椒都會影響食物的口感，搭配的葡萄酒也要注意烹調方式和醬料選擇造成食材口感的變化。

食物與酒搭配的五大原則：

1. 誰是主角：有時餐為主角，有時酒為主角，作為配角要有綠葉襯紅花的精神，因此不能搶戲，如果餐是主角那麼酒的搭配要讓餐更凸顯，相反的，如果酒是主角那麼餐就需要能夠讓酒的香氣更能散發出來，搭配得宜的餐酒會有魔法般的效果，讓另一半格外出色。

2. 酸度：酸味和高酸度的食物能相得益彰，讓用餐者感覺食物沒原來那麼酸，也就是用酸度去平衡，酸度較高的食物可以搭配白蘇維翁，因為白蘇維翁新鮮活潑，而調味較重的魚類則適合夏多內。

3. 甜度：甜度可以降低辛辣的味道和鹹味，因此很適合熱炒和台菜，此外甜白酒也可以和水果類的甜點一起享用。

4. 單寧：紅酒帶有單寧，會將嘴巴的蛋白質沖洗掉，因此搭配富含蛋白質和脂肪的紅肉及鹽味，可以緩解這種澀口的感覺，也讓肉類吃起來不會太肥膩感，而單寧也帶有礦物質味，因此也很適合燒烤。

餐酒配避免踩雷注意事項

1. 搭配海鮮，盡量避免單寧重或是帶有木桶味的酒品，以免帶出料理的魚腥味或是鐵鏽味。

2. 搭配甜食時，酒品的甜度必須比食物更高，以免讓甜點和酒品表現出苦味。

3. 品嚐辛辣料理時，例如泰式料理等，可以搭配富有酸度和甜味的白酒，如以Riesling來削減辣度，避免選酒精濃度高，變成辣上加辣太過刺激。

5.酒精度：辛辣食物會凸顯酒精帶來的感覺，所以辛辣的食物應該搭
　配低酒精、甜度高的食物，降低口中的刺激感。

 課程活動設計

1.可安排課堂品酒課，讓學生採「演繹式品飲法」試著使用4S品飲葡萄
　酒，並說明品飲的葡萄酒有哪些味道。
2.讓學生使用不同的開瓶器，試著開瓶。
3.讓學生練習各種醒酒器，及練習倒酒。

延伸閱讀

何信緯（2014）。《旅途中的侍酒師》。麥浩斯。

洪昌維（2019）。《葡萄酒侍酒師》。全華。

張一喬譯（2016）。瑪德琳‧帕克特、　賈斯汀‧哈馬克著。《Wine Folly：看圖學
　葡萄酒》。積木文化。

葉姿伶等譯（2014）。歐菲莉‧奈曼著。《我的葡萄酒生活提案》。三采文化。

劉永智（2015）。《頂級酒莊傳奇》。積木文化。

聶汎勳（2017）。《酒瓶裡的品飲美學》。日日幸福。

Part 4

交通禮儀

Transportation Etiquette

　　交通工具是現代人生活中不可缺少的部分，汽車工藝的現代化及科技的進步讓人類的移動更加便利。特斯拉（Tesla）創辦人伊隆・馬斯克（Elon Musk）帶動電動車的風潮，電動車已經從個人座駕推及到大眾交通工具上，目前雖然仍在試驗階段，但進展到大眾化普及已可預期。民用客機的自駕在科技上並非不可行，然而人工智慧碰到倫理道德仍需專家討論。而在太空飛行上，2021年維珍航空（Virgin Atlantic）開啟民營太空旅行，將創辦人理查・布蘭森（Richard Branson）送上太空，要價超過千萬的太空旅遊受到富豪們歡迎，未來人類的日常交通可以預見一定日新月異超越想像，屆時搭乘交通工具的禮儀肯定需持續刷新與時俱進了。

人類的太空旅遊已實現

資料來源：ntdtv.com.tw

Chapter

10

乘坐交通工具禮儀

第一節　乘坐汽車禮儀

第二節　新型態交通工具禮儀

第三節　旅遊交通禮儀

交通工具狹義上指一切人造的用於人類代步或運輸的裝置，例如腳踏車、機車、汽車、火車、船隻及飛行器等，也包括人力驅動或動物驅動的移動設備，例如馬車、牛車、人力轎子等。隨著科技的進展以及潮流推演，開啟共乘共享概念，近年來備受歡迎隨借隨還的Ubike，還有Uber以及Uber共乘制。這些交通工具中所發生的人與人之間的互動需要更多的尊重與包容，交通禮儀於本章節討論。

第一節　乘坐汽車禮儀

　　搭乘汽車須注意交通法規、一般禮儀與座位禮儀。法規部分可以參考中華民國交通部公路總局監理服務處的公告，一般禮儀為公眾安全考量及國際禮儀之互敬互重原則，而座位禮儀則要注意長幼尊卑，以禮遇為原則。

一、一般乘坐禮儀

1. 乘駕汽車遵守交通規則並注意安全，避免亂按喇叭製造噪音，保持安全距離不逼車，不可亂閃燈容易引起交通事故。
2. 乘駕汽車尊重車主意願，配合不吸菸、不食用口味重的食物以及避免飲用咖啡、牛奶等飲品，以免濺灑弄髒汽車造成他人不愉快。
3. 搭乘汽車應當配合繫上安全帶，乘客若未依規定將處罰駕駛人，同行乘客若有小孩應當依規定坐安全座椅，不可讓小孩獨自留在車內，也不應當把頭手伸出車外，或開天窗讓小孩兜風，十分危險。
4. 避免駕車時手持行動電話，應當使用車上藍牙裝置，使用導航及通話都不應分心影響行車安全，車上同行者也應留意避免談話聲量讓駕駛分心。

5.開車不喝酒，喝酒不開車。2022年1月立法院三讀修正刑法、道交條例等，加重酒駕處罰規定，酒駕同乘者「連坐罰」提高到六千至一萬五千元，酒駕致人於死者，增訂得併科二百萬元以下罰金，至重傷者增訂一百萬元以下罰金。同行者有義務要勸導酒駕或為友人找「代駕」，畢竟安全是回家唯一的路。

道交條例對酒駕新舊罰則比較表

新修正罰則	內容	現行罰則
10年	酒駕累犯期限	5年
6000至1萬5000元	同車乘客 連坐罰鍰	600至3000元
6萬至12萬元	未安裝酒精鎖	6000至1萬2000元
業者告知義務仍酒駕， 承租人加重1/2刑責	租賃車責任	無

製表：記者謝君臨

酒駕新制

資料來源：自由時報

6.行李應放置於行李箱，避免塞在座位上影響安全及乘坐舒適度，行李尺寸大小不應超出安全範圍影響駕駛視線，也不應該超重影響安全。

7.男士應有紳士風度，上車禮讓女士先行入座；下車時，男士先行下車為女士開門協助下車，對待長輩及長官也應如此。

8.停車應妥善停於適當合法之停車格內，不可隨意停車或併排停車造成危險，若需臨停注意不可久停，也不可擋到別人的出入口，留下自己的聯絡電話，萬一需要可立即通知移車，注意態度應和善客氣。

二、汽車座位禮儀

乘車須留意座位禮儀，汽車的座位有尊卑之分，乘車應當留意當天同乘者的輩份及相對關係，以免無心搶了尊位而失禮。乘車禮儀分為「主人親自駕駛」以及「有司機駕駛」兩種情況。

(一)有司機駕駛之小汽車

商務目的接送，應特別注意座位尊卑，當主人無法親自接送時，通常會安排座駕代為接送，或委由旅行社、飯店等代為安排。此時應注意以下禮儀：

1. 駕駛盤在左，後座右側為首位，其次是後座左側，然後是前座司機旁邊的位子。若有四人搭乘，則第三人坐在後座中間的位子，末位仍是前座司機旁的位子。依國際禮儀的慣例，女賓不宜坐前座。
2. 駕駛盤在右，則後坐左側為首位，其次是後座右側。注意：在日本，雖駕駛盤在右，仍然以後座右側為尊。
3. 三人乘坐之汽車為例，如靠右通行，乘坐第二順位者應繞至左後車門上車，但如在鬧區或左側不便通行的地方，則乘坐第二順位者可自右門先上車，上車後快速移到駕駛座正後方讓出尊位，此時第一順位的尊者可上車，最卑位者可協助尊者關門（或由司機關門），然後坐到前座司機旁邊的位子。
4. 下車時，第三順位者先下車，為後座乘客開車門，後座則按第一、第二順位從右邊下車。
5. 男女共乘時，女士先行上車，男士應居右側座位；下車時，男士開車門先行下車，協助女士下車。

(二)主人親自駕駛之小汽車

主人親自駕駛接送親力親為，代表視乘客為重要客戶或朋友。因

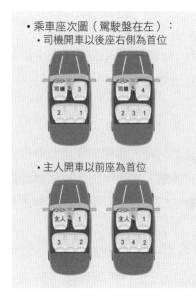

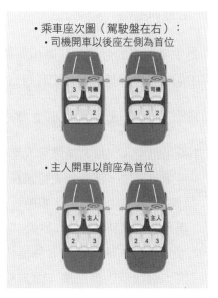

乘車座位禮儀

資料來源：外交部國際禮儀手冊

此，千萬不可將主人視為司機對待，乘坐座位的考量應當以「賓主盡歡」可以進行社交互動為考量。

1.駕駛座旁的前座位置是第一尊位，方便主人與主賓互動（賓客千萬不可直接坐到後方座位，這樣是將主人視為司機，甚為失禮！）。

2.後座右側為第二尊位，其次為駕駛座後方的位置。

3.主人夫婦駕車迎接友人夫婦時，則主人夫婦在前座，友人夫婦在後座。

4.主人送客時，會依照尊卑依序送行，倘若第一尊位下車時，後座賓客應立即上前補位方為合理，同時也可導引路程方便主人回送。

5.現在由於商務女性越來越多，位尊者也不在少數，因此若主人親自駕駛的情況，而第一尊位是女性長官，那麼仍應坐前方主人旁的尊位，不受國際慣例影響；下車時，後方部屬應當先行下車為前方長

官開門。

為求乘坐者的舒適，同時也兼顧現代社會人與人之間的安全距離，後排中間盡量不安排座位，尤其是官式安排或男女賓客同時乘坐時。

(三)乘坐其他交通工具的座位順序

1. 乘坐巴士、火車、高鐵等大型交通工具時，靠窗的座位為尊位，靠走道為卑位，部屬優先禮讓長官或長輩入靠窗座位，然後協助擺放行李再入走道座位；下車時，部屬先起身取下行李等候長官或長輩起身，禮讓其先行後，跟隨其後。

2. 乘坐吉普車時，前方駕駛座位旁為第一尊位，後排右邊為第二尊位，最後是後排左邊。而搭乘九人座巴士時，駕駛後方為第一順排，其次是最後方排，順序都是由右到左依序安排，最後兩位則排在前方與駕駛同一排，順序仍為由右到左，最末位是第一排中間。

3. 原則上乘坐大型交通工具如遊覽車，均以「前尊後卑」為原則，乘車順序則以「位尊者後上先下」為原則，但若尊者有其座位偏好，則應投其所好。

第二節　新型態交通工具禮儀

新型態交通工具主要包含YouBike和Uber，這兩種交通工具的崛起為世人帶來許多便利性，在使用新型態交通工具時，有哪些應該注意的禮儀呢？

一、微笑單車（YouBike）

台灣的單車工藝居世界第一，YouBike就是由全球自行車龍頭的巨

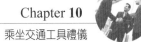

大機械工業股份有限公司所創建。YouBike最早於2009年3月開始示範營運，根據官方網頁顯示，目前YouBike騎乘數已接近六億，全台每月使用超過280萬次，是全球周轉率最高的公共自行車服務，並吸引全世界許多國家取經。根據巨大創辦人劉金標談YouBike的優點是：

1. YouBike是捷運的子系統，可以提供兩端接駁的服務。
2. 可甲地借車乙地還，借車可以使用悠遊卡、信用卡及手機，借車方便為全球之冠。
3. 讓市容景觀大幅改善：原車站前長時間停放機車及自行車之雜亂和占用現象由亮麗、美觀、整齊的YouBike取代。
4. 隨著輪流租用，周轉次數的提高，人們的流動方便，占有空間也跟著減少。

　　YouBike是自行車共用系統，也被稱為「綠運輸」，YouBike的存在帶給人們便利性，降低搭乘汽車及大眾運輸工具，讓這個城市成為綠色家園，但自行車騎乘禮儀卻無規範可循，隨著單車族變多，常發生行人與自行車的用路衝突。其實YouBike存在有違規計點處罰機制，但為了鼓勵民眾多使用YouBike，目前多為柔性勸導，民眾若抱著輕忽的心態上路，不遵守騎自行車該有的禮儀，甚至違規，心存僥倖只會在馬路上帶來更多亂象。台北市交通局提出「友善有禮的自行車騎乘文化」推出基本騎乘禮

北市倡導「友善有禮單車騎乘禮儀」

資料來源：tw.news.yahoo.com

儀，包括自行車禁止騎入騎樓，若要超越行人前要輕聲說抱歉、借過或輕按一次鈴，再從左側緩慢通過，並向行人說聲謝謝等兩項基本騎乘禮儀。其他騎乘禮儀也包括：

1.騎乘YouBike應該好好愛惜公物，不當使用會導致自行車容易損壞，別人看了也會觀感不佳，例如把YouBike當成運動器材，或是拿刀畫座椅出氣，也有人家裡的自行車壞了，就從YouBike找替代零件，這些都是不當行為。

2.使用YouBike應該注意清潔，例如在前方籃子上放置沒喝完的飲料或垃圾，或飲料灑出沒有處理整個籃子黏答答的，都會妨礙下一位使用者的權益。

3.攜帶寵物需要有牽繩，不然寵物摔下車會導致意外，雖然並沒有明文規定禁止帶寵物貓狗，但應該有公德心，使用前後可以用酒精清潔。

4.騎YouBike不應在斑馬線、人行道亂鑽；YouBike也不應該騎到公園，違者會被記點。

自行車專用號誌

資料來源：news.tvbs.com.tw

5.YouBike上面有編碼，如果騎乘者違規民眾可以檢舉，酒駕騎
　YouBike會被處以停權處分，騎在騎樓、人行道上未慢速騎乘，還
　有闖紅燈等違規行為都可計點一次，違規點數達三點會被停權兩
　週，違規點數達七點更會被取消會員資格。

　　隨著自行車使用越來越頻繁，一條條自行車道穿過全台大城小鄉之
間，台南交通局率先推出「自行車專用號誌」，其他城市也跟著使用，讓
鐵馬族能騎得安心，不需要再與人、車爭道。

二、優步（Uber）

　　Uber創立於2009年，總部在美國舊金山，是一間交通網路公司，以
開發行動應用程式連結乘客和司機，提供載客車輛租賃及媒合共乘的分
享型經濟服務。Uber的興起減少了總體在路上行駛車輛的數量，符合低碳
綠色發展的理念，對於Uber司機也可以兼職增加收入。交通部將Uber定為
「多元計程車」，和傳統計程車不同，多元計程車的車身外觀與私家車無
異，車身非黃色、免貼車身識別、無需掛車頂燈且無法路招，也不能以
現金支付車資。Uber車牌為白底紅字，許多人認為比起計程車，司機素質
高、車輛狀況較好、即時預覽車資、更安全的保護機制等，因此不少人喜
愛使用Uber。

　　在美國對於這種私家車服務有明確規範，例如不接受18歲以下乘客
在沒有父母或監護人陪同下搭乘；此外，若與幼童同行，家長必須自備
兒童汽車座椅，否則駕駛會被開罰，也會因而丟掉工作，目前Uber在許多
國家有「寶寶優步」提供兒童座椅服務。Uber有評價系統，不只乘客可以
評價Uber駕駛，駕駛也可以評價乘客，讓其他駕駛決定是否願意接這個生
意。不同於計程車服務，搭乘Uber要注意的禮儀會有些不同，各國的法規
也會有些差異。

1. 計程車是隨叫隨停，客人上車馬上開走。搭乘Uber也應該考量Uber臨停的不便，特別在大都會地區，許多紅線、單行道，容易違規被罰，因此搭乘Uber應當以「人到車到」的方式最佳。
2. Uber系統有自動定位功能，但誤差率很大，避免等待、走冤枉路及破壞當天出遊的心情，最好能夠輸入門牌地址精準定位。
3. 車上不吃東西是基本禮儀，而且如果造成髒亂或過於強烈的食物氣味會造成司機及下一位乘客的困擾。
4. 帶著不好的氣味上車，除了食物之外，剛運動完滿身大汗的乘客，或是使用太濃郁的香水都讓人不敢恭維。
5. 司機尊重客人，而乘客也要保持基本禮貌，不應把駕駛當空氣或臭著一張臉，即便不想聊天，上車基本的問候、下車道謝，開關車門動作放輕，畢竟共享的狹窄空間內許多動作都被放大感受。

台灣是個交通非常便利的地方，就算大眾交通工具到不了，還是有計程車可以叫，在熱鬧的市區隨手可招，但若到了偏遠地區就很難叫到計程車了。由Uber帶動了創新搭車服務，在台灣的App叫車選項還包括LINE TAXI、Yoxi、55688台灣大車隊、呼叫小黃、TaxiGo等。而在國外也有許

多種共享乘車服務選項

多選項，例如美國的Lyft、中國的滴滴出行、東南亞八國的Grab、印度的Ola Cabs等。

三、共乘（ride-sharing）

有些多元計程車也提供「共乘」服務，以Uber來說，共乘服務包含兩種，一是規劃讓好友在不同地點上車的共乘，第二種是與陌生人共享的共乘，稱為「Uber Share」，Uber Share是搭乘「陌生人的車」並且與「陌生人共乘」，對有些人來說是個大膽的「社交挑戰實驗」，但是車資卻很優惠。雖然受新冠疫情影響，Uber暫時關閉了共享搭乘服務，但「多元計程車」以及「共乘」的概念是時勢所需，它能夠減少塞車、降低污染、減少停車需求，能夠解決許多國家在現代化進程中所碰到的問題。

第三節　旅遊交通禮儀

旅遊中最重要的一環就是搭乘交通工具，台灣的島嶼地理環境，讓搭飛機成為出國的代名詞，出國旅遊主要靠的也是飛機，國內旅遊的部分，台灣的離島澎湖、金門、馬祖也是國人喜愛的旅遊地，根據台灣悠遊卡公司的統計，牽動旅遊考量最重要的因素就是交通是否便利，旅遊當中搭乘交通工具注意必要的旅遊禮儀可以讓旅途更加順心愉快。

一、國內旅遊交通禮儀

台灣國內觀光業自從陸客減團之後業績銳減，近年由於Covid-19病毒的干擾，導致出國受到限制，國人旅遊的生態和習慣也受到改變，國內旅遊因而受到許多矚目，也讓國旅商機勃勃。根據觀光業統計，國旅當中國

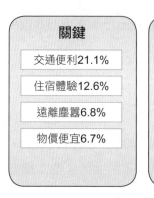

關鍵	煩惱
交通便利21.1%	交通堵塞23.4%
住宿體驗12.6%	人潮擁擠22.5%
遠離塵囂6.8%	天災意外11.9%
物價便宜6.7%	行程安排11.8%
	住房訂購10.2%

國人旅遊考量因素

人考量的關鍵及煩惱點分別是：

　　國旅的決定關鍵點不分年齡、不分收入普遍獲得民眾支持的是交通便利，而小資族以及年輕世代，傾向偏好到物價便宜的地方旅遊，樂齡族群則是喜歡遠離塵囂。在煩惱的部分交通堵塞是普遍性的煩惱，年輕以及樂齡族群則覺得安排行程好麻煩，輕熟齡族群則比較擔心天災意外的來臨。

　　交通工具的選項有：全程採大眾運輸工具、大眾運輸結合租車服務、全程自駕，其中全程自駕者居多，占44%，原因是非常省錢，特別是同行友人較多時，共車確實是節省花費的好方法。交通旅遊有下列禮儀要注意：

(一)大眾運輸工具的通用禮儀

　　搭乘大眾運輸工具不比自己駕車，這種方式需要有更多的體力和耐性與時間，在打包出遊的行李上也需撙節考量，才能讓旅遊更盡興。搭乘大眾交通工具要注意哪些呢？

◆注意身體清潔衛生

　　旅遊當中因為非自行開車，常常需要走路、找路或是趕著搭交通

工具，在搭乘交通工具會與人近距離接觸，因此個人清潔衛生是第一要務，以免讓自己成為不受歡迎的人。

◆ 提前準備旅行所需要的東西

雖然有些人喜歡沒有壓力的邊玩邊放鬆，但是提前準備可以讓旅途更順暢，例如旅途所需的文件、優惠券，避免在排隊等候時耽擱了或是臨時找不到，而需要在公共場合翻箱倒櫃尋找，不但掃興也導致時間的延誤。

◆ 注意排隊禮儀

搭乘交通運輸工具需注意排隊禮儀，不管是有意或是無心切勿插隊，社會裡正義魔人越來越多，而且拜網路之賜許多行為無所遁形，潔身自愛奉公守法才是國民應盡義務。

◆ 放置行李禮儀

大眾交通工具上的空間有限，長途旅行往往行李也較多，最好將他們垂直放在行李架上，或是放置在座位旁邊的空間，避免影響自身或他人，行李妥善放好後儘快入座，以免影響後方乘客入座，千萬不可以將行李放置在走道上，導致他人絆倒造成意外。

◆ 禮讓好公民

如果座位是開放，也就是沒有劃座位的大眾運輸工具，可以發揮愛心及公德心，讓座給需要的人，例如孕婦、老人、病人、小孩等，放置行李時也可協助其他行動較困難的人。

◆ 繫安全帶禮儀

入座行李也都安置好就可以繫好安全帶，旅遊途中偶而有緊急情況司機必須煞車，繫好安全帶對安全較有保障，特別是幾個座位較危險例如最後排正中間的位子，因為沒有前方座椅的屏障，一旦緊急煞車就會飛到前面，可能造成較大的傷害。

◆注意說話或聽音樂的音量

旅途中手機要注意關成靜音模式，與鄰座交談或是必須使用手機通話都應注意音量，以免打擾同車乘客的安寧，聽音樂的時候也需要注意自耳機流瀉出來的音量，耳機音量太大聲不僅可能打擾他人，對自己的聽力也可能會受損。

◆避免不適當的行為舉止

有些女性喜歡利用交通工具化妝甚至擦指甲油，需注意指甲油在密閉空間內氣味很難消去，會導致別人身體不適，在公共場合化妝也讓人不敢恭維，有些人會剪指甲更讓人心生厭惡。其他不適當的行為有摳腳皮、腳跨到前方座椅上、嗑瓜子、吃味道重的東西、亂丟垃圾等沒有公德心的行為。目前在台灣公共場合不可以吸菸，需到指定區吸菸，高鐵也要求乘客不要在車廂嚼食檳榔。此外，不要在公共場合大秀恩愛，這樣觀感不佳也讓其他人不舒服、不自在，都是不適當的行為舉止。

◆注意乘車時間

乘車的時候偶爾會看到匆匆忙忙趕車的人，其實在慌亂中最容易出差錯也很危險，搭乘交通工具應該注意搭乘時間，可以提早到從容一些。

◆按照指定座位乘坐

有些交通工具例如高鐵有自由座、指定席與商務車廂，這三種不同選項，應當按照所買的車票乘坐，切勿占人座位，否則被列車長發現要求補票罰款真的很尷尬，如果需要換位子也要注意搭乘目的地是否相同，以免增添不必要的麻煩。

(二)自駕

自駕比起搭乘交通工具自主性高了許多，旅途中也不需背著家當到

處跑，找路的時候也更加便利輕鬆，旅遊當中也有一些行車禮儀需要留意，讓美好的旅途留下好的經驗與記憶。

◆ 出遊前先檢查車輛裝置

外出旅遊特別可能是車程很長或是好幾天的旅途，應該先檢查車輛才不會掃興，雖然台灣是個非常方便的國家，車輛壞了很容易找到拖吊車協助處理，但這樣一來就打壞旅遊興致，如果車輛壞在路上甚至導致交通大打結。

◆ 善用App避開塞車路線

旅遊塞在路上最掃興，善用App避開人潮擁擠的地方，車上若有老人、小孩或孕婦，可能會有頻繁使用洗手間的需求，應預先考量；年節出遊也可參考網站觀察人流情況，如已經嚴重堵塞，則應改道或是另覓景點。

◆ 道路行駛禮儀

以國道為例要注意：

1.選擇正確車道行駛：內側車道為超車道，超車後應駛離回原車道，大型車應行駛於外側車道，但可暫時利用緊鄰車道超車。
2.保持安全距離，不可緊跟前車，變換車道要小心注意打好燈號，還有上下交流道時不可以跨越槽化線以免危險而且受罰。
3.行車多禮讓不可逼車或是不當使用燈號影響其他用路人行車安全。

(三)台灣各類大眾運輸工具

◆ 高鐵

提早到站並準時搭乘，確認是北上或南下，看好車次號碼別上錯車。非符合資格者不買優惠票券以免被加收50%違約金，搭乘自由座別占位子會被要求補票，不在車廂內吃味道重的食物，不可擦指甲油，不抽菸

特色交通工具——
蘭嶼的拼板舟（達悟語：Tatala）

　　為一種居住於台灣台東縣蘭嶼鄉的達悟族傳統上所製造與使用之船隻，蘭嶼的拼板舟不叫獨木舟，因為拼板舟是由木板一塊一塊接合而成的，小的拼板舟由21塊組成，大的由27塊木板拼合而成，拼板舟對達悟族人是非常神聖的，因此也有不少禁忌：

1.不隨意拍攝拼板舟：從古至今就是不能拍攝的，但因為觀光文化盛行，族人們沒有像以前這樣反感，因此有稍微鬆綁，因為拼板舟上的雕刻圖案是達悟族文化中神聖的象徵，達悟族民深信這些雕刻圖案可避邪、祈福和指引方向，有些圖案更是祖靈的代表，因此拍攝一定要經過當地人同意，因為當地人很在意這個禁忌的。

2.女性不可接觸拼板舟：在以前女性是完全不能接觸拼板舟的，尤其在飛魚季期間，女性更是連海灘都不可以接近，目前這個禁忌慢慢在突破當中，觀光客中很多是女性，但對於老一輩的達悟族人仍有此禁忌，女性觀光客應特別留意。

蘭嶼的拼板舟
資料來源：travelerlux.com

不嚼食檳榔，攜帶寵物及行李應當符合規定並妥善放好

◆ 台鐵

　　台鐵規定每人最多可攜帶兩件行李，尺寸也有明文規定，攜帶寵物應該放入規定的寵物箱或袋內，此外購買適合身分的票券，台鐵的兒童票規定：(1)兒童身高未滿115公分者，得免費；滿115公分未滿150公分者，購買兒童票；滿150公分者，購買全票；(2)兒童滿115公分而未滿6歲者，經出示身分證件者，得免費；滿150公分而未滿12歲者，經出示身分證件者，購買兒童票。

◆ 捷運

　　目前只有台北、高雄、桃園機場、台中有捷運，但隨著城市的開發，便利的捷運會更普及，目前捷運規定身高未滿115公分，或身高滿115公分而未滿6歲之兒童，經出示身分證明文件者，得免購票乘車，但須由已購票之旅客陪同。每一位購票旅客以陪同4位免購票兒童為原則，需注意的是捷運內不可以進食和喝飲料，違者開罰，依據《大眾捷運法》第五十條規定，違者處新台幣1,500元以上7,500元以下罰款。不可攜帶氣球進站，應先放氣後乘車。為顧及其他旅客權益，攜帶摺疊式腳踏車的民眾，搭乘捷運統一由無障礙電梯進出車站，不得乘坐電扶梯或走樓梯，以避免影響其他旅客進出的動線及安全。

二、國外旅遊交通禮儀

　　國外旅遊的交通工具包羅萬象，一般來說因為人生地不熟，加上語言限制，國人大都選擇參加旅行團較輕鬆愜意。如果是自助旅遊，旅遊前除了規劃景點之外，也應當瞭解當地交通運輸工具及其規定，才不會失禮，甚至不慎觸犯刑法，特別是沒有導遊領隊亦步亦趨耳提面命，一切都得靠自己。

(一)參加旅行團

參加旅行團因行程安排可能有多種交通工具代步，除非是特定團體，旅行團的團員中各種年紀老弱婦孺都有，安排合適的交通工具是必要的。旅途中有些團員行為讓人非常不敢恭維，參加旅行團有哪些不恰當的行為呢？

1. 屢屢遲到：跟團最怕遇到遲到的人，導遊約定集合時間，總有人因為上廁所、逛街大遲到，延誤出發時間。
2. 挑三揀四：有些人選座位，不是第一排或特定座位不坐，其他團員都要退讓給予禮遇，導遊領隊也會顧此失彼難做人。
3. 漫不經心：有些人不顧導遊耳提面命，漫不經心，導致集合時間可能迷路、找不到自己的遊覽車，或是掉東西得繞回去找，車上團員都得跟著延誤行程。
4. 車上噪音：旅途當中每個人狀況不同，在車上如果要說話避免打擾他人，車上睡覺會打呼鼾聲大震的人，也應當避免旅途太累早睡早起，若有幼兒同行也應注意管好自家小孩。
5. 開歌歡唱：車上若有卡拉OK伴唱設備，旅遊途中助興演唱的確開心，但應注意不要霸占麥克風，留意其他人是否需要休息，唱歌時間及音量有所節制。
6. 保持禮貌：對開車司機及導遊應當保持禮貌問候關懷，對同行團員也應當互助互諒，保持和諧氣氛。
7. 小費規定：旅遊當中導遊、司機及領隊的小費通常已事先載明，不應以旅遊當中的突發情況責怪他們，也不應存有既然付小費就把他們當僕人使喚，這樣不尊重的行為讓人不敢苟同。

(二)自助旅遊

自助旅遊除了必備的語言能力之外，考驗的是規劃以及問題解決的

能力，旅途中交通安排是重要的環節，事先規劃就能享受各種旅遊交通工具帶來的樂趣。在國外搭乘大眾運輸工具需遵照當地規定為原則，搭乘時注意自己與同行乘客的權利與義務。以下分享幾種國外交通工具：

1. 義大利威尼斯的貢多拉船（Gondola）：是義大利威尼斯特有的和最具代表性的傳統划船，船身漆成黑色，由一船夫站在船尾划動，古時候貢多拉是貴族所擁有的，而且全都是手工製作，現今威尼斯人大都會使用較為經濟的水上巴士，貢多拉已多作為旅遊用途，供觀光客享受威尼斯水上風情的最佳選擇。搭乘時應當留意不要撞壞船身，搭船時需要拍照務必事先詢問，避免侵犯讓人不快。

2. 香港帆船Aqua Luna：在香港維多利亞港海面有一艘古色古香的帆船，擁有懷舊的外形，卻有新潮的室內設計，名字叫「張保仔」（Aqua Luna）。「張保仔」有兩層高，長28米，可以欣賞香江美麗的維多利亞港夜景，注意搭乘不可以攜帶外食或飲用非船上提供的飲料，船上也不提供指定座位。

3. 日本人力車（human rickshaws）：人力車是日本歷史與文化的一部分，從十九世紀開始有這項行業出現，在日本幾個景點例如淺草的雷門寺都會看到，若對日本歷史感興趣可以跟車夫說，現在車夫多會說流利的英語和其他外語（如中文、法文）。由於人力車夫是很費體力的工作，有時一天接好幾個行程，因此搭乘前必須提早溝通。

4. 英國水陸兩棲車（DUKW）：DUKW和荷蘭的Amfibus一樣是水陸兩棲車。大多數人喜歡暱稱它為鴨子船（又名DUCK），觀光客搭乘這輛黃澄澄的交通工具，能同時飽覽英國街景和泰晤士河的水景。車輛會行經陸上及水上，須留意是否有足夠的水上救生設備，水上搭乘時避免於車上移動。

5. 舊金山纜車（cable car）：美國加州舊金山纜車，不僅幫助通勤的居民，也成了觀光客遊覽舊金山的最佳交通工具。纜車共有三條路線，其中包含了許多知名景點與購物中心，如漁人碼頭、中國城及

聯合廣場等地，需注意的是由於座位有限，行進間注意握好手把，舊金山有很多上下坡，有時纜車煞車時會急停，應留意安全，下車時也要儘快離開車體及軌道。

6. 泰國嘟嘟車（Tuk Tuk）：嘟嘟車是泰國非常普遍的交通工具，除了有頂棚遮陽擋雨外，其他皆無遮蔽，適合遊客欣賞沿街的風景，體驗當地市民的生活方式，搭乘時需注意不要穿戴昂貴的首飾項鍊等，容易成為扒手設定的對象，增加自己旅遊的風險。

7. 菲律賓吉普尼車（Jeepney）：吉普尼車在菲律賓是一種很受歡迎的公共運輸工具，裝飾最精美的吉普尼車通常也是最擁擠的，人們都想體驗一下這種豪華的車，上下車及搭乘須留意自身安全，車上很擁擠，留意保管好自身財物。

課程活動設計

1. 請同學討論搭乘大眾交通工具的經驗，有哪些好或不好的經驗。
2. 請同學討論國內外旅遊搭乘交通工具碰到的狀況。
3. 請同學討論使用YouBike以及搭乘Uber的經驗。

延伸閱讀

台北捷運官網，travel.taipei
台灣高鐵官網，thsrc.com.tw
台灣鐵路官網，railway.gov.tw
交通部：愛上安心期——自行車生活禮儀與安全騎乘指南，http://168.motc.gov.tw/
　　TC/index.aspx
交通部觀光局電子書，taiwan.net.tw
唐受衡、林雨荻、何旻娟（2021）。《國際禮儀：韓商業禮儀及領隊導遊禮儀》
　　（第三版）。華立圖書。

Chapter
11

搭乘飛機的禮儀

第一節　搭乘飛機的流程
第二節　搭乘飛機的禮儀

出國旅行不比國內旅遊，出國的目的除了觀光旅遊，也可能是商務、外交，應該考量我們出國的「身分」是什麼？是代表個人、家庭、學校、團體還是國家？台北市長柯文哲2019年2月訪問以色列，一張在以色列機場席地而坐充電照片卻引發議論。離開國門展開海外旅程，外國人看你不是以「個人」身分，可能是以你的「國家」身分，以柯文哲的例子來說，外國人看他是黃種人、華人、台灣人，還有「台灣首都的市長」，既然柯文哲的訪問是正式官方的活動，那麼柯文哲便不是代表個人而是公眾人物，在行為上自然有被「期待」的形象與規範。

台北市長柯文哲訪問以色列在機場席地而坐

資料來源：news.ltn.com.tw

　　國際機場或是國際航班上，我們有很多機會與各國人士接觸，每一個「個人」的形象加在一起就是「團體」的形象，我們對於不同國家、不同民族或膚色的人有刻板印象，就是因為個別的因素加總所致，如果我們希望有良好的國家形象，出了國門就要注意自己的行為舉止。那麼，搭乘飛機禮儀從一開始準備出國到櫃檯辦理報到手續、通關、搭乘飛機、出關，這一路有哪些流程呢？需要注意什麼禮儀呢？

第一節　搭乘飛機的流程

一、行前打包（packing）

出國最重要也最複雜的工作是出國前的準備以及打包行李，由於各國規定不同，行前要提早打包，並留意以下事情：

(一)事前準備

1.事先瞭解搭乘航空飛機的流程、資訊與細節，例如哪一個機場及航廈、起飛前多少時間必須報到。

2.上飛機可攜帶的行李件數、公斤數（國內航線、亞洲航線、歐美航線不同，個別艙等也不同）。

3.事先瞭解目的地國家可攜帶與不可攜帶的物品及數量（例如動植物商品、菸酒數量）。

4.疫情期間相關措施要求，是否打完疫苗、核酸檢測證明、目的地國家的疫情狀況及規定、回國檢疫旅館預訂等。

5.3C產品的規定，例如：手機、電腦等行動電源和備用電池一律不可托運，需放在隨身行李。

(二)可托運但不能帶上飛機的品項

1.各式刀類（水果刀、指甲刀等）。

2.尖銳物品（弓箭、飛鏢、圓規、針頭等）。

3.棍棒及工具（鋤頭、槌子、螺絲起子、冰鑿、相機腳架收合後超過60公分、自拍棒等）。

4.運動用品（高爾夫球桿、撞球桿、滑板、雙節棍）等可轉變為攻擊性武器者。

5.液狀、膠狀及噴霧類（帶上飛機不得超過100毫升，並需裝於不超過1公升（20×20公分）大小且可重複密封之透明塑膠夾鏈袋內，其他應放置於托運行李內。

(三)既不能托運也不能帶上飛機的品項

1.爆破類：炸藥、槍械、煙火照明類。
2.氧化類：漂白粉和過氧化物類。
3.易燃液體／固體類：工業用酒精、易點燃的飾品。
4.行動抑制設備類：辣椒噴罐等刺激物質。
5.劇毒藥品、腐蝕性物質等。

二、機場報到（check in）

依航空公司位在的航站大廈提早抵達，航站大廈一般是依照英文字母順序設立的，例如要搭乘聯合航空United Airlines，字母的第一個字是「U」，因此通常會安排在航站的最遠邊，依照字母順序找到自己搭乘的航空公司下車，才不會推著行李繞航站一大圈。

(一)行李推車

下車時找到行李手推車，在台灣，行李手推車出發（departure）、抵達（arrival）都是免費的，但在有些國家要收費，美國大部分的城市是抵達不收費而出發是要收費的，因此要預先準備該國小額錢幣方便使用，或是使用信用卡付費，注意行李手推車的設計是運送行李，因此不應讓小孩乘坐以免發生危險。

(二)報到櫃檯

進入機場時先查看電視機螢幕顯示的報到櫃檯號碼，報到櫃檯一般

都是設置在航空公司櫃檯前面或附近，但如果同時間航班較多也可能安排在較遠的櫃檯報到，因此查看電視機螢幕會更省事。報到櫃檯分成商務櫃檯、經濟艙櫃檯、團體旅客報到櫃檯，旅客應依照屬性到正確的櫃檯排隊，在排隊時先將護照、相關文件（例如核酸檢測證明）準備好，行李完整打包好方便領取時辨識，報到時與航空地勤人員配合，將行李搬上去秤重，確認行李已通過Ｘ光檢測機才能離開，確認手上護照、登機證、行李領取單等證件都收齊才離開。

(三)安檢及機場通關（Custom-Immigration-Quarantine, CIQ）

1. 安檢：準備好護照、登機證以便安檢人員查證，入關時如有攜帶飲用水須倒掉，經過Ｘ光檢查時隨身行李放置於Ｘ光機輸送帶上，個人隨身物品如零錢、皮帶等金屬物品都需要脫掉放在置物籃隨輸送帶檢查，旅客則等候前一個人離開感應檢測區，同時綠燈亮起時才能依序通過感應檢測區。
2. 通關：將護照、登機證準備好依序排隊等候移民局檢測出國文件，如果有同行小孩，經詢問可以一起通關，移民官提問時要誠實回答並保持嚴肅以利公務處理。
3. 海關及動植物檢疫：若有需要申報，或是攜帶農產品應符合入境國家規定，若不確定可至檢疫處詢問確認。

三、機場貴賓室（VIP lounge）

　　航空公司的機場貴賓室是由各航空公司個別設置，或是由航空公司聯盟（airlines alliance）共同設置，有些機場也有專門的公司為信用卡貴賓設置的機場貴賓室。機場貴賓室主要是提供頭等艙及商務艙乘客，還有「飛行常客獎勵計畫」（Frequent Flyer Program, FFP）旅客使用。信用卡公司所配合的貴賓室一般是以信用卡積點或是額外付費等方式取得使用資

格。貴賓室中可以休息、閱讀雜誌，提供餐飲服務。須特別留意的是，頭等艙旅客會有專人提醒登機時間，商務客艙及其他旅客則需自行注意登機時間，同時留意不同國家的時差，避免錯過班機。

航空公司聯盟

航空公司總共有三大聯盟，包含：

1. 星空聯盟（Star Alliance）：是第一個全球航空聯盟，聯盟成員也最多，目前擁有26個成員，包含長榮航空。
2. 天合聯盟（SkyTeam）：擁有18個成員，包含中華航空、法國航空等。
3. 寰宇一家（Oneworld）：由13家航空公司組成，包含國泰航空、日本航空、卡達航空等航空公司。

航空聯盟的好處是：

1. 航空聯盟成員航空公司可透過代碼共享提供更大的航線網絡。
2. 共用維修及運作設備、貴賓室及職員互相支援，使機場地勤與空廚作業成本降低。
3. 成本減少，乘客可以更低廉成本購買機票，航班也更靈活更有彈性。

中華航空桃園機場貴賓室

資料來源：china-airlines.com

長榮航空桃園機場貴賓室

資料來源：evaair.com

航空公司高級艙等規劃

　　航空公司高級艙等呈現兩極化的發展，許多航空公司取消頭等艙改置商務艙，這是因為搭乘頭等艙的旅客很少而商務客艙旅客很多，因此許多航空公司取消頭等艙並將原有的商務客艙升級。另一方面，某些航空公司則打造更高規格的頭等艙，將它升級變成套房（suite），例如阿聯酋航空在A380客機推出了頭等艙套房，起飛後有空服員會為您鋪床；而新加坡航空更推出空中雙人床，讓情人、夫婦或家人可以同床共枕，空中運輸的奢華無極限。

A380客機上的頭等臥艙

資料來源：新加坡航空

四、登機（boarding）

找到正確的登機門候機，若有時間可以在免稅店購物，但應注意時區差別，不要因為時差耽誤登機時間，登機時準備好護照及登機證，按照地勤人員指示依序上機，上機後儘快將隨身行李放好，找到自己的座位坐好並繫上安全帶，如需更換座位應等候該名乘客抵達後詢問，不應擅自更換。

搭機前登機手續的禮儀

1.瞭解航空公司規定正確打包行李。
2.準備正確旅行文件，檢查有效日期。
3.提早抵達機場辦理登機手續時間充裕。
4.使用行李推車應注意行進安全，避免不當使用。
5.按照艙等排隊辦理登機，不可插隊或越級辦理報到。
6.地勤人員協助報到過程應有基本禮貌及尊重。
7.離開櫃檯前確認證件收齊、行李通過檢查無誤才離開。
8.通過安檢時依照指示做好行李與乘客分流檢查通關。
9.通關時保持禮貌，對公務提問應嚴肅應答，以利公務進行。

第二節　搭乘飛機的禮儀

旅程當中搭乘飛機應該算是旅遊當中最放鬆的部分，從打包行李到抵達機場舟車勞頓，再加上檢查行李證件報到手續及交付托運行李到通關安檢，可以說身心疲累，非常勞神費心，登機之後總算可以好好放鬆，享受接下來的旅程了。

一、注意登機流程

若為大飛機，登機時通常會開兩個登機門，也就是飛機左邊第一和第二個門。第一個門是在頭等艙及商務艙之間，第二個門是在商務艙及經濟艙之間。頭等艙和商務艙旅客可由第一個門登機，經濟艙旅客由第二個門登機。若是小飛機則只開一個門。飛機登機的順序是以能最快速完成登機，符合分流及順暢的邏輯順序登機，航空公司的登機廣播是：

1. 各位先生女士，_____航空公司第_____航班前往_____，現在開始登機，首先我們邀請頭等艙、商務艙旅客登機，孕婦、孩童及需要協助的旅客先行登機。
2. 感謝各位旅客的耐心等候，現在我們請經濟艙旅客登機，為了讓登機流程更順暢，首先請第_____區的旅客先行登機，請其他旅客先留在您的位子上等候，感謝您的配合。
3. 感謝各位旅客耐心等候，現在請所有旅客登機。

進入登機門時還需要再檢查一次護照和登機證，等進到空橋時就可以把護照收起來了，因為進到飛機就只需要登機證方便尋找座位。航空公司的登機順序是飛機最後面的機艙（飛機尾部）先行登機，如果此時前區段的旅客同時間登機，那麼在放置行李時就會擋到後段的旅客前行，這樣會影響登機的順暢度。

二、妥善放置行李

1. 放置隨身行李時應當撙節使用公共空間，可以置放行李的空間包含頭頂上方的行李櫃、前方座椅下方的空間、衣櫃（某些機型或艙等才有）。
2. 協助鄰座乘客置放行李，旅行當中會有一定的時間共處，因此對鄰

座乘客友善，是社交來往的基本，而且把行李安放好也可確定大家的安全。

3.找不到位置放行李可以請空服員幫忙，但切勿把空姐空少當行李服務專員，現代人旅遊應當travel light、travel smart，旅遊中大包小包隨身攜帶會增加旅程的困擾和不便，隨身行李應當只包含：

(1)旅遊證件、錢包、卡片、筆。

(2)隨身必備用品，例如乳液、護唇膏、襪子或紙拖鞋。

(3)隨身閱讀的書或雜誌。

(4)隨身必備藥品。

(5)保暖衣物等。

三、起飛前後客艙準備

(一)旅客登機時

登機時間通常很短，不管是旅客或是空服員都有很多事情忙碌，此時儘快將自己安頓下來，如需服務也須儘快向空服員表明：

1.使用洗手間應該抓緊時間，有時飛機滑行及等候起飛時間較久，會有一段時間不能使用洗手間，因此有需要的話應該把握時間。

2.通常經濟艙在起飛前沒有飲料服務，但若口渴可以向空服員要求一杯水或是請他們幫忙將保溫瓶加水。

3.空服員會發放耳機、毛毯和枕頭，讓旅途更舒適。長途旅程在商務艙會發放過夜旅行包（overnight kit），內有常用的小物方便旅途中使用，包含牙刷、牙膏、漱口水、梳子、男士整髮膏、眼罩、耳塞、護手霜、護唇膏、毛襪子，濟艙旅客雖然沒有過夜包但仍可要求額外的枕頭、毛毯或是紙拖鞋等。

4.在飛機上如果需要換座位，原則上等待起飛後再換較恰當，這是因

長榮航空行李箱過夜包

資料來源：長榮航空

航班上的毛毯

　　並非每個航班都有提供毛毯，廉價航空公司考量經濟效益大都省略這些服務，而有些航空公司則是在短程航班沒有毛毯，在長程航班才提供毛毯。一般來說頭等艙及商務艙不論長短程大都會自動提供毛毯。但需注意的是，有些從國家總部（headquarter）出發飛到比較偏僻的地點，由於該地點沒有設服務站，因此不會有更換毛毯的動作，因此可能去程是有塑膠袋密封的乾淨毛毯，回程空服員回收客人使用過的毛毯折好再利用，因此衛生方面自己斟酌是否使用。

為航空公司有準時起飛的時間壓力（on-time departure），因此登機時間非常短促，登機時又常有各種突發狀況需要排除，例如重複劃位（double seating）、旅遊團客的座位安排等，如果是家庭一起旅行，建議先上網提早劃位，或是當天提早到機場劃位，這樣可以確保家人坐在一起。換座時需要特別留意自己和對方是否有點特別餐（special meal），也不能是特殊座位，例如緊急逃生出口位置。

> ## 緊急逃生出口位置
> ### （emergency exit row）
>
> 　　這個位置在緊急逃生門旁，乘客需要有意願在緊急狀態協助空服員疏散逃生旅客，因此必須是身體狀況良好（able-body person），也要是能夠跟空服員交談溝通者，因此語言能力會被檢驗。

(二)飛機起飛前

　　飛機起飛前空服員會確保安全事項，包含播放航空安全影片，確保乘客知道逃生設備及位置，以及檢查機艙狀態：

1. 隨身行李是否放好、乘客是否繫好安全帶、將椅背豎直、餐桌收起、窗戶遮陽板打開，因為起飛降落是最危險的時候，因此遮陽板打開才有最佳視野，而座椅豎直，是讓每位旅客都有最大的空間可以自由行動與逃生，都是為了安全考量。
2. 機艙燈光隨艙外環境調整也是為了安全，因為人的瞳孔需要時間適應光線的差別，保持與飛機外相同就不會影響逃生的判斷反應，也是安全考量。
3. 將機上所有服務品項收好，包含使用的手推車及器具。
4. 旅客手上的空杯要回收，同時再次檢查手提行李是否安放好。

四、飛機起飛後

(一)安全帶燈號熄滅

　　起飛後通常到達安全的適航高度是維持在30,000～35,000英尺的高空，空服員大約是過20,000英尺高空就會起身活動工作，這不代表乘客可以跟著起身，乘客在飛機上應該全程配合「安全帶燈號」（fasten seatbelt

sign），當它熄滅代表是安全可以起身活動，一旦有狀況例如亂流導致安全顧慮，機長就會將「安全帶燈號」打開，旅客這時候應該立即回座位將安全帶繫好，這樣才能保護好自身安全，因為航空公司已經盡了告知的義務，此時旅客如果不聽勸因而導致自身的安全顧慮，可能損及保險理賠權益，旅客應該自己特別留意。

(二)餐飲服務

1.超過三小時以上的航程大都會提供完整的空中餐飲服務（in-flight meal service），也就是先提供飲料，然後再提供餐點服務。這是因為旅客入關時就被要求不得攜帶飲料入關，還有地面含登機及準備起飛的等候，再加上大約二十至三十分鐘的起飛爬升時間，很多人都已難耐口渴困擾，因此提供一次飲料是必須的，如果是短程航班會提供有限的選擇，例如僅有水、柳橙汁、可樂、汽水，由空服

空服員在走道上服務

員端著餐盤提供，如果需要特別的飲料也可以個別要求。飲料服務之後空服員會依起飛時間提供相對應的餐點，例如起飛時間為早上則提供早餐，若為接近中午則提供午餐，時間若接近晚上則提供晚餐，飛機上的餐點都是以出飛地的時間考量是提供哪一種餐點。

2.預訂特別餐的客人會先領到自己的特別餐，然後一般餐飲才會開始分送，已經訂特別餐的旅客如果不喜歡自己訂的餐點臨時想要改變心意是無法辦到的，此時只能等候有剩餘的餐點才能享用，因此預訂特別飲食必須是真正需要的也考量過才訂。如果旅客吃了一份不夠還想要第二份，可以跟空服員提出，通常空服員會等所有旅客都拿到第一份餐點之後有剩餘的餐點才會給第二份，但如果有小餐包空服員通常也會先提供餐包讓乘客稍微填飽肚子。

3.通常國際航班的飲料及酒類都可以免費續杯，但需要特別注意飛機上由於高空壓力的關係會有酒精耐受度的問題，也就是高空的壓力會讓酒精耐受度降低，平常可能喝一瓶葡萄酒都不醉，但在飛機上卻可能已經不勝負荷，有些乘客因而酒後鬧事，在國外被送當地航警處理，給自己添加不必要的麻煩，因此切不可因為酒精免費就無限暢飲，樂極生悲。空服員做餐飲服務時應當先思考自己需要的餐點及飲料，減低空服員的工作時間，讓餐飲服務可以及早進行完畢，才不會讓其他旅客不耐久候，在如此擁擠的機艙內，非常需要互相的體諒，點餐或點飲料時協助同排的旅客取用餐點。

(三)下降及抵達

飛機下降時，在機長尚未將安全帶燈號打亮之前，可以利用時間整理旅途中使用的行李，或是去使用洗手間，需注意因為飛機上洗手間有限，不要占用太久，以免外面大排長龍。使用飛機上的廁所需要留意：

1.飛機上的洗手間稱為lavatory，使用時要記得正確鎖門，正確使用

機艙座位喜好選擇排行及原因

1. 緊急逃生門旁座位（exit seat）：緊急逃生門座位通常在緊急逃生門或是緊急逃生窗口旁邊（小飛機），因此空間較大，腿部有較多的伸展空間也方便進出座位，通常是許多人的第一首選，但有些人並不希望在緊急逃生時做協助的工作，也不希望坐在空服員對面，面對面尷尬，但也有人特別喜歡，因此座位都是個別因素的喜好考量。

2. 客艙第一排（bulkhead seat）：各個艙等的第一排通常前方沒有座位，因此腿部空間較為寬敞，螢幕就在前方不會被擋住，也是許多人的選項，但需注意的是通常嬰兒搖籃也會擺在這一排，碰到這種狀況時，有嬰兒的哭鬧聲是無可避免的，畢竟飛機是公開的空間，嬰兒也很難受控制。

3. 靠窗座位（window seat）：喜好靠窗座位的人通常喜歡靠著窗戶睡覺或是欣賞起飛下降的高空景色，唯一不方便的是進出上廁所或活動會受到限制。

4. 靠走道座位（aisle seat）：喜好靠走道座位的旅客大都喜歡其便利性，可以隨時起身走動、上廁所等不會受到鄰座旅客的限制非常自由，但是要注意走道上常常會有空服員推著飲料車、餐車、免稅商品車經過，一不留神偶爾會產生碰撞或小意外，需要特別留意。

飛機上的NG行為

1. 搭乘飛機偶爾會遇到政商名人或明星，無論是空服人員或是旅客都不應當任意打擾，要求拍照、簽名或聊天，旅途當中需注意尊重對方隱私及意願，因為搭乘飛機並非是工作而是私生活的一部分，每個旅客都應當得到尊重和維護旅途的安寧與舒適。

2. 一直放屁。旅途當中較容易腸胃不適、產氣，如果屬於這樣體質的旅客應當注意旅行中的飲食，容易產氣的食物（如豆類）少吃，以免附近旅客飽受空氣污染又無處可逃。

3. 長程飛行身體屈就在狹小的座位空間，長時間不能伸展，偶而應起身讓血液循環暢通，但不可任性地將腿跨放在前方椅子上，包含椅背、扶手上，對前方旅客非常不禮貌，也有礙觀瞻。
4. 不停地要求空服員提供服務，猛按服務鈴。
5. 要求與同班飛機的明星、名人拍照。
6. 穿越不同的座艙等級逛大街。
7. 一直找美女空姐聊天，影響空姐工作。
8. 戴耳機看電影或視頻時會突然大笑失控，影響鄰座正在休息的旅客。
9. 跟空姐借筆填寫入境卡，卻占為己有不歸還。

飛機上的洗手間，瞭解飛機上洗手間的各項功能。

2. 不可在洗手間內吸菸，更不可亂丟菸蒂到垃圾桶，因為垃圾桶內都是衛生紙易燃物會導致火災，飛機上有濃煙是嚴重的危害，因為高空中無法開窗將煙排出去。
3. 飛機上的廁所在沖水時屬於壓力排放式，會發出很大的聲響，年幼孩童可能會受到驚嚇，幼童使用最好有大人隨行較為安全，馬桶也不可亂丟容易堵塞的物品避免馬桶塞住無法處理，空服員就只能將廁所鎖住，這樣會造成乘客自己使用上的不方便。
4. 飛機上的廁所通常備有兩個氧氣面罩，緊急高空失壓時可供兩個人使用，這樣貼心的設置是為了體恤協助幼童上洗手間的家人考量。
5. 飛機上通常備有需要的衛生紙產品，也有女性生理產品，旅客不應該隨意當作紀念品拿走，讓其他人不方便，這樣的情況較常發生在例如凱蒂貓飛機航班上面，凱蒂貓衛生紙卷不翼而飛也是偶有所聞。

五、飛機降落

飛機降落總算到達目的地，不過航程尚未結束，還是要保持耐心留意安全，繼續配合空服人員的指示。

1. 切勿急著起身整理行李，這是因為在跑道上可能隨時會有緊急情況或是機長踩剎車，一不留神受傷了就無法繼續旅程了，在國外生病看醫生也會造成巨額的醫療負擔，再加上語言因素等等考量，所以舉動都要三思，安全第一。

2. 離開時查看一下座位四周有沒有遺留物品，旅客忘了帶下飛機的物品會被丟掉，到時候想要失物協尋困難度就很高了。

3. 記得檢查行李裡面有沒有不可攜帶進入目的地國家的物品，例如肉類、水果等，沒吃完應該要留在飛機上，也不要將沒吃完的飛機餐帶下飛機，因為常溫下很容易滋生細菌，造成腸胃不適。

4. 下飛機時檢查一下座椅，稍微整理一下，不要讓人有不敢恭維的髒亂，稍微收整一下是基本禮貌。

5. 下飛機時可以跟辛苦的空服人員道謝，有時運氣好也會碰到機長在機艙門跟客人直接道謝，可以想見他們的誠意和努力，乘客的道謝會讓空服人員一整趟旅程的辛勞得到慰藉。

 課堂設計

1. 請同學討論搭乘飛機的經驗，最喜歡旅途當中的哪個部分，最不喜歡哪個部分？
2. 請同學釐清出國旅遊可帶和不可帶的物品有哪些規定？
3. 航空公司的貴賓室有哪些便利的設施？
4. 如何做到travel light、travel smart？

延伸閱讀

New A380 Suits，https://www.singaporeair.com/en_UK/us/flying-withus/cabins/suites/new-a380-suites/

呂江泉、郭名龍（2012）。《航空服務業管理》。華立圖書。

桃園機場長榮航空貴賓室EVA Air Lounge-The Infinity，http://www.evaair.com

張瑞奇（2020）。《航空客運與票務》（第五版）。揚智文化。

華航桃園機場第二航廈貴賓室啟用，https://www.china-airlines.com/tw/zh/discover/news/press-release/20180906

Chapter

12

航空從業人員禮儀與養成

第一節　在學時期的準備
第二節　航空面試應對

航空領域一直是年輕學子嚮往的一條路，能夠翱翔天際、到全世界旅遊是拓展國際視野最快速的方式，餐旅系學生對於航空公司特別青睞，是因為航空業本來就是餐旅產業特別光鮮的一環，而且航空業也提供了餐旅系畢業學生許多就業機會。雖說餐旅產業是進入門檻較低的行業，但是近十年來台灣學校餐旅科系如雨後春筍般蓬勃發展，將餐旅服務的水平大幅提升，也提高了餐旅從業人員的服務水準，是台灣餐旅產業軟實力的體現。餐旅科系學生在學校受到的餐旅先備知識與餐旅服務訓練，也提供餐旅系學生進入航空界很大的優勢和競爭力。本章節說明進入航空業的準備，對餐旅系學生及希望進入航空產業的年輕人一個按部就班準備的參考，在學校就可以先做好準備，一畢業就以應屆畢業生報考是進入這個產業的最佳時機。本章節探討的是「航空從業人員禮儀與養成」，其真正的精神是「個人禮儀與涵養」，不管是要追求飛翔於天際的工作或是打算要進入其他職場的準備，這個章節對每一位學生都有幫助。

專業服務人員的養成與訓練

![handshake icon] 第一節　在學時期的準備

　　「老師，我想要報考航空公司，請問應該怎麼準備？」在大學授課常常有學生來問我這個問題，我的回答都是：「你現在幾年級了？」，我衷心希望聽到他是大一或是大二的學生，因為這樣表示他還有很充裕的時間準備。學校時期的準備工作是屬於「內求」，也就是先把自己準備好，準備的方向很多元，是以自己為中心，培養服務業所需的元素，包含流利的語言應對能力，以及外在專業形象。

一、語言的練習

　　這個部分不難，但需要的是日積月累的「時間」，一般來說語言的選擇會以世界上大宗人口常用的語言為主，其次是工作服務的對象使用的語言傾向，例如報考的是美國航空就以英語和西班牙語系為主，報考的是大韓航空或是日本航空那麼會說日語、韓語就是加分，而如果報考泰國航空或是越南航空那麼就以能夠說泰語、越南話為最佳，如果該航空公司的航線非常多元且涵蓋很廣，那麼公司通常會有所謂的「語言人才庫」（language pool），有時候在公司流失了部分語言人才庫的人員後，就會需要應徵這個語言庫的人才，就如同報考一個交響樂團的團員一樣，只有每個聲部每個需要的樂器都具備了，這樣的音色才是最美最和諧的，因此語言能力真可以說是多多益善，也會是進航空公司一個很好的「加分」點。

(一)母語的能力

　　母語的部分對每位同學來說，幾乎都可以講得很好不會有太大問題，但是講得很流利很順暢可就不一定了，航空公司工作有許多機會要做廣播，例如機長起飛後的飛航情報廣播、空服員的機上安全與服務的廣

播、地勤人員的登機廣播等，都需要從事航空工作的人員拿起廣播器說話，聽著自己的聲音在大庭廣眾之下流洩出來，是不是這麼的好聽入耳呢？航空廣播叫做PA，也就是public address，意思是對公眾進行演說，因此自然不能夠以平常說話的詞彙或是語氣進行，因而說話的硬實力就得過經年累月的練習，如果小時候曾經參加過國語文演說比賽，在說話這個部分特別是對著公眾說話的能力應該已經有底子，但大多數人都沒有這方面的實力，因此如果想要進航空公司就得提早做準備。

(二)廣播技巧

不管是公眾演說或是廣播，在使用語言上都應當注意以下技巧和細節：

◆聲音

聲音要清晰，發聲的位置要正確，說話要送出來不要含在嘴巴裡，否則容易聽不清楚，很多時候因為是透過廣播器不是面對面，因此無法看到發聲的嘴唇位置及面部表情，因此廣播時候特別需要說得清楚，因為廣播一定是透過揚聲器推送出「需要被告知」的訊息，也就是乘客「需要注意聽」的訊息，因此廣播者說話的清晰能力決定這個廣播的有效度及專業度。

◆速度

很多時候我們聽到急就章的廣播都會特別覺得心浮氣躁，也聽不清楚內容到底說了什麼，如果航空人員的廣播只是為了廣播而廣播那麼就是流於形式，效果自然也就不大，有時反而有「反效果」呢！對於旅客來說是疲勞轟炸，沒有達到想要的結果。

◆語氣和語調

可能大家都注意到，日本人在講電話的時候一定堆滿笑容畢恭畢

敬，直到掛掉電話都是客氣有禮，這是因為心情與態度會影響一個人的聲音與表現，近年來流行居家辦公WFH（work from home）也是一樣，雖然不需到辦公室也需要將自己打理成在上班的樣子，在做視訊（video meeting）的時候也是需要將自己打理成專業的樣子，如果因為是在自己舒適方便的地方就隨性，那麼專業表現也一定會大打折扣。

◆ 廣播詞的內容與性質

如果是迎賓（greeting）廣播詞，那麼說話一定要帶著歡迎且興奮的語調，明明是說：「各位貴賓，歡迎搭乘XX航空，第X號班機，前往……」，如果音調是平鋪直敘那麼就會讓人感覺是「為了做廣播而廣播」，目的只是要把這個廣播的工作做完而已，沒有帶任何的歡迎喜悅的情緒，這樣是很大的扣分。正確的方法是，想像「你正在接待總統級貴賓或是自己最仰慕尊敬的對象」那樣興奮以及期待的心情去做廣播，那麼你的聲音一定是明亮、有精神而且非常有禮貌。航空人員一定要清楚知道每一位搭乘飛機的旅客都是「衣食父母」，有了他們長期的支持，才能有穩定的工作，因此航空公司的每一份子每一個螺絲釘都扮演著很重要的角色。

◆ 注意廣播的時間性

如果廣播內容的時間是早上，那麼聲音應該是精神抖擻，特別在做「第一次」的廣播時，因為有些廣播會重複幾次，例如提醒登機的廣播，後面會有幾次重複性的再提醒廣播，因此第一次就特別要有精神吸引旅客注意聽廣播的內容，第二次之後就可以不需要如同第一次的強烈性，否則就流於疲勞轟炸了；相反的，如果廣播的內容是在夜間，例如夜間登機特別是夜間轉機的旅客，還有在飛機上做夜間抵達目的地的廣播，那麼聲音就應當要柔和且愉悅，但仍保持清晰度，這樣才不會讓人很緊張，或將正在休息的客人嚇醒，讓整個廣播變得很刺耳令人不舒服。

◆注意廣播訊息的清晰度

廣播是將重要的資訊透過麥克風傳達出來，那麼「重要的資訊」必須讓人容易抓得到，例如：

1. 以在候機室準備登機的廣播為例：各位旅客，我們馬上要開始登機了，「首先」我們請「頭等艙」、「商務客艙」的旅客登機，此外，「孕婦」與「幼童」隨行的旅客也請先行登機。

2. 各位旅客，我們馬上要降落在「大阪國際機場」，現在的時間是日本當地時間「晚間」「X點X分」……。

3. 各位貴賓，我們現在要在機艙內進行今天的餐點服務，請協助空服員將您的「餐桌放下」，為了「您」「後方」的旅客也能夠方便用餐，請您將「椅背豎直」，感謝您的配合。

◆親切的口音

無論是做國語或是台語、客語等方言的廣播，都要注意到親切度，用字遣詞都要讓人有「在地」溫暖的感受，以「大中華」地區而言，在選用字詞時會有不同的詞彙，注意其中的細節度會讓人有親切的感受，這也是為什麼航空公司會錄用不同國籍的航空人員，就是因為考量人親土親，聽到自己國家語言的廣播，操持標準流暢的家鄉口音會讓人有「返鄉」的溫暖感受。以方言而言可以多聽「台語」、「客語」或是「原住民語」新聞台多練習細節，或是請家中的長輩或是地方耆老指導一下，可以讓自己說的方言更加討喜，無論是報考航空公司或是出社會的社交應對，都可以拉近與人的距離帶來好人緣。

◆正確的發音

1. 國語：相信很多同學在準備考航空公司的時候都知道，考試的其中一個環節就是念航空廣播詞，國語廣播要注意的點包含：標準正確的國語咬字，例如「ㄢ」和「ㄤ」的差別，「ㄒ」有些人會唸

成英文的「C」，其他還有「ㄥ」和「ㄣ」是否可以正確分別？「ㄓ」、「ㄔ」、「ㄕ」等捲舌音都發音對了嗎？國語的公眾演說或廣播最重要的是字正腔圓。

2. 方言：台灣的方言主要包含了台語、客語和原住民語，根據行政院109年人口及住宅普查的資料顯示，台灣使用最多的官方語言是國語，也可稱為台灣華語，占了總人口數的66.3%，其次是台語占了31.7%，第三則是客語占1.5%，其他語言則都低於1%。在台灣已經開始注重方言的傳承，因此都有各個協會在做推廣，例如客家委員會的客語考試認證、原住民族委員會的原住民語認證，如果自身本來就會這些方言，不妨拿一張語言認證，在求職的時候或許都有加分的效果，但必須要留意先後順序，務必是以最主要的語言優先加強，例如國語與英語的能力，行有餘力再加強方言能力，注意時間上的調配避免本末導致。

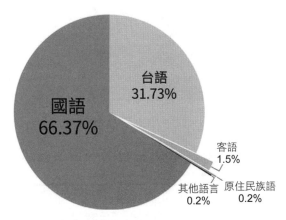

主要使用語言是指與他人溝通最常使用的語言

台灣語言使用人口比例

資料來源：行政院109年人口及住宅普查

二、外國語言的練習

　　一般來說，主要外國語言大都是指英語，能夠說好外語是很重要的溝通工具，也是國際化的第一步，不管哪個年紀何時開始學英文都不會太遲，最重要的是「即刻」開始，讓自己不再害怕說英語，以免需要用的時候張不開口懊悔不已。小米的創辦人雷軍事業成功之後，也效法大品牌發言人的行銷方式，例如賈伯斯（Steven Jobs）親上火線主持新品發表會，但卻苦於自己語言能力的不足。

小米產品發表會

資料來源：YouTube

　　就像華語一樣，大中華地區有不同腔調，英語系國家也有許多腔調，有經驗的人大都不難分辨出說話者是來自哪個國家，例如「英國腔」和「澳州腔」就很具代表性非常容易識別。在台灣所受的教育大都是美式英語，所用的詞彙也都是美式單字詞彙，一般來說美國航空公司習慣美式英語，英國航空公司及曾經為英屬的香港在地航空例如國泰航空公司、港龍航空等，其腔調就屬於英式英語，當然如果特別講究的話，去面

試英國航空公司操持英式口音當然會非常有辨識度，但這些都不是講外國語言時最需要注意的部分，其實不管說哪一種語言，留意用字遣詞才是最吸引人的地方，也最能夠看出一個人的學識涵養，因此不只是要會說，而是要會說好的、優質的語言，讓語言為自己加分，而不是僅止於溝通傳達而已。

所謂說得一口「好英語」或是有好的外語能力，應當做到：

(一)發音正確

有時候可能會很沮喪，明明說了英語可是外國人卻聽不懂，這是因為我們有太濃烈的國語腔調，我們會用自己母語的慣用方式發音，因此也造就出不同國籍的人說的英語都會有其特殊腔，例如日本人說英語就有日本腔、韓國人說英語有韓國腔，而中國人說英語也大都有明顯的中國腔，因為除去自小就學習而且受英語教育的人以外，長大之後也就是國高中才學英語並且持續受國語教育的人來說，需要長時間的累積與練習才能將這個特殊的腔調修正去除，其實也不需要矯枉過正，因為有時候這樣特殊的腔調反而給人特殊的美感，例如飾演第一代007詹姆斯‧龐德（James Bond）的史恩‧康納萊（Sean Connery）就是英國人，而007是美國電影，史恩‧康納萊雖已特別修正自己的英國腔，但保留些微的英國腔，卻也成為他特殊魅力之所在。因此我們無須過度憂慮自己的腔調而影響了說英語的自信，我們可以做的是多聽正確發音，避免用自己的理解去臆測，例如Amazon發音成「阿馬ㄉㄨㄥ丶」，這樣「本土發音」就真的讓外國人聽不懂。要說得一口好英語，可以注意：

1. 把英語發完整和正確：例如「L」及「R」的發音、「TH」的發音，還有「V」的發音，都是華人常常做得不好的地方，其他如母音必須要發完整，也就是「a, e, i, o, u」的發音都要做完，否則話只說一半，會讓自己的英語溝通能力打折，明明說了英語卻讓外國

人「丈二金剛——摸不著頭腦」，打擊自己的英語能力從而更沒自信。

2.基本的文法能力：其實口說語言不需要太介意文法的正確性，我們日常說國語也常常會很隨興語法不一定正確，但是當我們在正式場合時就會注意合適的表達；說外語也是一樣的，基本正確的文法能力有其必要，才能說出一句完整的句子。

(二)用對教材

小心使用制式的英語教材，傳統的英語教科書大都非著重在口說能力上，也常常不是「現代人說的英語」，或許適合文書或寫作，但在口說上面有時選的教材不好會學到「老式」的詞語。選擇好的英語學習書籍，並且搭配去聽正確的英語對話，例如CNN、BBC或是TED等，都是很好的英聽能力及口說能力的取材來源，相對的，比較休閒的日常對話方式在正式場合要避免，如果聽英語廣播來練習聽力，必須選擇學習正確、正式且有禮貌的英語，避開太休閒、太新潮甚或粗俗的英語對話。

(三)說漂亮的英語

不管說國語、外國語言還是方言，最重要的是內容，因為內容也就是用字遣詞的選擇會讓人聽得出你的涵養，千萬不要以為能夠講外語溝通就足夠，固然能夠溝通是第一步，那麼第二步便是說得一口漂亮的英語，也就是在用字遣詞上讓人覺得彬彬有禮，為自己的外語能力加分。例如以日語來說便有敬語的使用，來自好教養的家庭都習慣使用敬語，不經意的應對進退都是謙和的敬語模式，這樣自然而然給人良好的印象。

三、如何學好外語

其實各種語言的學習模式都大同小異，學習異國語言如果不是從小

就開始學，後天學習均是事倍功半，需要耗費很大的力氣與時間。其實學語言就是一種「模仿」，跟學習音樂一樣，擁有好的耳朵、好的聽力就能夠辨識出語言的細微不同，再加上好的發聲與表達口語能力，就可以讓自己以最正確的方式說出來，也就能夠說得一口好的英語了。許多學生面對英語常常痛苦萬分不知道該如何學才好，以下整理學習語言的方法：

(一) 多說

開口說、大聲說，把自己會的英語說出來，去哪裡練習呢？以下提供幾個方法：

1. 現在校園當中有很多來自國外的交換學生，他們也許不是英語系國家，但來到異國他鄉大都會以英語溝通，因此主動找他們練習增加自己說英語的勇氣與機會，對於這些外國學生來說正好需要本地的朋友，因此要為自己多增加機會。學校裡面有外語中心、國際處、外籍生／僑生聯誼會等單位，去拓展自己的朋友圈，練習開口說英語、外語的能力。

2. 參加學校的英語性社團或是外語中心的免費外師諮詢等，目前各個學校積極拓展教學國際化，因此有許多外師或是全英語授課科目，學生可以多選擇或是主動申請當該門課程的助教，這樣可以有更多機會與外師溝通，也可以練練自己公開說英語的能力。

3. 可以參加「國際演講協會」（Toastmasters International）的活動，國際演講協會每個月都有固定的活動。Toastmasters International來自美國科羅拉多州，創立於1924年，目前全世界145個國家中有超過16,600個屬會，外國人到異地也可以透過這樣的分會去認識結交當地的朋友，協會也提供溝通、演講的能力，能有效提升自己的英語、外語能力。

4. 參加英語補習班：台灣有許多外語補習班，例如傳統美語教學的科

見美語，還有提供多元課程的地球村美日語，學生可以依自己的習慣和喜好做最適合自己的選擇；現在也有很多一對一教學，不管是線上或是真人實境的教學都是選項，需留意的是上課時一定要勇敢練習，不要付費了卻常常缺席就真的是浪費了。

(二)增加單字量

記得小時候牙牙學語時，也都是一個字一個字開始慢慢開口跟著大人說，要能說流利的外語一定要有足夠的單字量，譬如上戰場卻沒有很多子彈，那麼一定很快就彈盡援絕，因此要積極地增加單字量，這邊提供背誦單字的方式，傳統上大都買了學習英語的單字書籍，然後坐在書桌前開始從第一頁開始慢慢背，但往往發現背不起來，或是幾個月過後仍然停留在前幾頁無法進展。建議買了單字書之後，依自己可分配在學習英文的時間調配，假設準備要用半年背完整本單字，那麼將時間分成四等分，用前面三等分將書本單字背完，第四等分則讓自己有時間再從頭複習一次。

◆方法

1. 半年以24週分成四等分，每等分有6週的時間，前三等分背誦，最後一等分複習。假設單字書有180頁分成三等分，每等分是60頁，也就是6週需要閱讀和背誦的頁數為60頁，也等於每週需要閱讀10頁。每週假設用五天的時間學習，那麼每天需要有2頁的進度，每週要有10頁的進度。

2. 背誦單字最忌諱的就是坐在書桌前強迫自己不斷的記憶，結果背的速度敵不過忘記的速度。有效又簡單的學習方法可以試試，以每天記誦2頁來說，通常每頁平均的單字量大約是10～15個單字（取平均數12），也就是每天要背誦24個單字，如果坐在書桌前將每一個單字一一複誦想要背進腦袋裡面，相信很多人都覺得有困難，比較好的方法是：

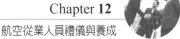

記誦單字進度表範例

目標：半年（24週）要唸完180頁的單字				
進度	頁數	每週	每天（週間）	週末兩天
第一等分（0～6週）	1～60	10頁	2頁／24個單字	複習本週10頁單字
第二等分（7～12週）	61～120	10頁	2頁／24個單字	複習本週10頁單字
第三等分（13～18週）	121～180	10頁	2頁／24個單字	複習本週10頁單字
開始複習				
進度	頁數	每週	每天（週間）	週末兩天
第四等分（19～24週）	複習1～180	30頁	5頁	抽掉已經會的單字 複習不熟的單字

(1)將每一個單字仔細閱讀過，瞭解它的含義和用法（通常每個單字書上都會有例子及用法），然後大聲唸幾遍，如果有語音可以聽正確發音更好，不然也可以自己查google翻譯，聽正確的發音跟著大聲唸幾次。

(2)然後將單字抄寫在小字卡上面，今天的工作就宣告結束，將這些字卡帶在身上。

(3)隔天白天一整天的時間利用所有的零碎時間拿出來翻看，白天時間如果可以唸出聲音更好，經過一整天多次的唸誦可以幫助單字記憶到腦袋裡去。

(4)當晚坐回書桌要開始新的兩頁之前可以再看一次這些單字的例子及用法，增強對單字的瞭解。

(5)然後繼續今天新的進度，重複做上述動作。

(6)週末兩天是個緩衝時間，這兩天可以將這個禮拜耽誤的進度補上，也可以利用較多的時間完整的再複習過去五天的單字。

◆小訣竅

使用以上方法學習，具體有幾個小訣竅要做：

1.善用白天的零碎時間，例如訂出上下午各一個固定時間翻閱，或是
利用每次去上洗手間回來的時間翻閱一次，學生可以利用下課十分
鐘翻閱，上班族如果工作上真的不方便可以在上班前後翻閱，或是
利用中午用餐前後以及晚餐用餐前後。

2.除了單字卡之外也可以使用手機的App軟體，例如英漢字典App，
將每天的24個單字輸入，可以一邊聽發音及用法，App會將所查的
單字記錄，明天白天可以拿出手機多看幾次，用這種方法可以避開
隨身需要攜帶小字卡的麻煩，也不會太過高調，讓人好奇或評論你
的學習，但如果希望外界的力量敦促自己的話，或許高調也是個好
方式，不過盡量避免占用上班、上課的時間。

3.以每週為單位，一週五天累積了60個單字之後，在週末的兩天將單
字重複翻閱，然後用三個步驟處理這60個單字：

(1)使用字卡者

步驟①：將60個單字依序多唸誦幾次。

步驟②：將字卡打散，試試看是否仍記得這些單字。

步驟③：將每次都會的單字卡拿掉，剩下較少的單字卡繼續翻
閱，讓記憶更深刻。

(2)使用App者

步驟①：依照每天的進度也就是輸入手機App的先後順序去翻閱
這些字。

步驟②：接著可以採取以A～Z的順序重新洗牌看看這些字彙是
否仍然記得。

步驟③：將已經會的單字刪除，讓單字量變少反覆記誦不會的單
字。

4.在一週結束之後將這些字放到旁邊，重新下一週新的單字。注意！
不需要加上前面的單字，不然單字越來越多會增加心理負擔，心煩
意亂，如果行有餘力，可以每週結束時將上一週的單字拿來複習，

或是在每個月結束時將前面的字拿出來複習即可。

5. 24週結束後，還有剩餘6週充足的時間，將全部180頁也就是2,160個單字再重新記憶一次，方法一樣沿用前面的三個步驟，背誦、打散、剔除的方式逐一熟悉背起來。

6. 背誦單字不要給自己太大的壓力，就算無法做到百分百的記憶，假設可以記得七成，那就已經有超過1,500個單字了，即便只有五成也有將近1,100個單字，所以不需要太為難自己，只要持續的背單字很快地單字量就會累積很多。

(三)多聽

學習母語以外的語言，都是用模仿的方式學習很難自創，因此需要多聽外國人怎麼說，學習「完整的句子」，可以多看一些視頻或電視劇，還有聽演講，例如去聽許多名校的畢業典禮邀請的講者致詞都是經典之作，多看多記誦，最好是學習一整個句子，或是一整個段落，或是其中的佳句名言，讓自己腦袋中隨時有這些完整的片段，在說話的時候可以整句使用，因為是整句模仿所以文法一定是正確的，不需要再分心去思考文法的問題。

(四)自問自答

試著在一天中任意的時間思考一下自己所背誦的單字（注意此時不要翻看字卡或是翻看手機的字彙），試著使用這些單字造句或是自問自答，做一段對話想像你正在用英文表達，如果在過程中實在想不起某一個單字那麼再去翻看手機或是字卡，相信一定會更有印象，其實洗澡就是個很好的自問自答時間，每個人可以找出適合自己的時間，讓自己的腦袋有一齣小劇場的對話機會。

(五)購買英語書籍或雜誌

可以購買英語介紹台灣的書籍或是旅遊雜誌，想像你遇到外國人該怎麼介紹台灣，台灣的美麗風景、台灣的人民、台灣的美食和小吃、台灣特色等，這些都是外國人好奇常提問的話題，平時就練習好備用。

(六)參加英語性社團

可以參加學校的英語社團或是社會上的公眾英語社群團體，例如Toastmaster英語演講協會，多增加說英語的機會，現在也有很多免費社群媒體Podcast、YouTube自製英語學習的視頻可以多利用，初期可以選擇幾句片段，強記死背變成自己的台詞，等融會貫通之後就能夠隨性的說出實用的英語了。

四、其他準備

(一)知識性質的準備

1. 準備好多益測驗成績，多益測驗成績常常是航空公司錄取的重要考量，如果必要可以多考幾次，讓自己的多益成績盡量高分，考空服員基本會要求600分以上，考機長的要求則更高。

2. 多參加國際性社團活動，例如國際青年大使、外交小尖兵等，或是國際志工、青年菁英領袖等可以接觸國際性議題，及運用英語溝通諸如國際外交話題的社團及活動，平時可以購買專門介紹台灣的英語書練習介紹台灣的人事物、人文風景、美食小吃等，然後在上述國際社團或是與外國人交流時可以派上用場。

3. 組讀書會：試著在學校或社團找想要報考航空公司的同學或朋友一同組讀書會，組讀書會可以互助合作，彼此督促練習：

   (1)蒐集招募訊息：密切注意航空公司招募訊息，互相通知。

(2)蒐集考試資料：蒐集各家航空公司考試流程、考試內容、面試官
　　提問。

(3)互相仿真練習：依照航空公司考試仿真練習，互相觀摩可以更瞭
　　解自己的優缺點，透過同儕的回饋讓自己更好。

(4)互相檢查履歷表、篩選相片、練習走台步等。

廣播練習

　　航空公司不管是地勤或是空勤人員常常需要做廣播（PA），因此
不管是中文、英文或是台語都應當多練習。網路上有許多廣播詞可以
練習，注意口齒清晰，念廣播詞的時候要帶著微笑輕切有禮，讓人即
使沒有看到本尊，但透過聲音也能夠感受到親切、專業以及歡迎的心
情，廣播詞就是要把握這些重點，唸的時候要不疾不徐，寧可慢一
點，因為上場一緊張就會不知不覺加快許多。

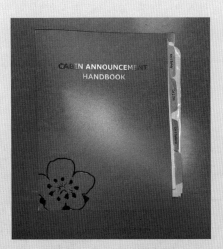

航空公司機上廣播冊

(二)技術性質的準備

我們常說「You never have second chance to make first impression」，服務業的刻板印象就是注重外型，因此找出最適合自己的髮型及妝容，每天練習將自己打理成最佳狀態。就學時期是一個絕佳的好時機，找出最適合自己的髮型、妝容及穿著，平日多參考國內外同齡層的穿搭，找出最適合自己的臉型、身材及體型，最適合自己的穿搭風格，不需盲從一昧跟流行，選擇能夠隱藏自己的缺點突顯自己優點的風格，記住：沒有人是完美的，要相信自己是獨特的，保持自己最佳狀態，將自信由裡到外展現出來，這樣就會充滿光芒。

◆ 髮型

要適度清潔，避免過度清潔反而讓頭皮過敏導致易出油或是有頭皮屑。

1.男生：常常保持頭髮清潔、乾淨整齊，找出適合自己的髮型，可以參考適合專業航空人員的髮型樣本，也可以請髮型設計師建議適合自己的髮型，平時練習梳整並維持，選用合適的髮妝產品，每天出門或上學時練習整理自己。

男士清爽的髮型

2.女生：有人說女生的髮型和髮質像是女生的第二張臉，給人關鍵的
印象，平時應該要將自己打理好，勤洗頭及保養秀髮。

(1)短髮的女生：短髮髮型要維持俏麗就要練習吹整，如果晚上洗
髮一定要吹乾才睡覺否則隔天容易亂翹，變成所謂的「bad hair
day」，而吹頭髮的時候要逆著髮根吹，這樣頭髮較蓬鬆有精神
不會塌塌的，瀏海不要蓋住眉毛，航空考試時只要是過肩的短髮
就要考慮綁起來。

(2)長髮的女生：長髮最重視髮質健康，平時選擇適合的髮妝保養品
護髮，如果晚上洗頭一定要吹乾才能睡覺，不然頭髮容易毛躁且
變型，洗完頭以後要儘快吹乾不要用毛巾包太久，否則頭皮會悶
住容易有異味也不健康。準備報考航空公司的女生平時要多練習
綁頭髮，可以選擇綁包子頭或法式包頭，可以多看視頻一邊練
習，手勢及感覺需要時間累積才能到位，也才能抓出最適合自己
頭型的包頭，這些都只能靠自己慢慢摸索及練習，髮飾盡量精簡
大方，可以選擇珍珠優雅大方，頭髮上的髮夾盡量少，不多於四
支才不會太複雜，頭髮梳好之後力求清爽整齊，瀏海不要太長、
臉部兩側也不要留兩撮頭髮垂著，有些人覺得這樣可以修臉型，
但其實這樣反而讓人感覺散漫、不專業也不好看。

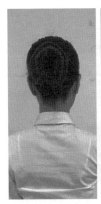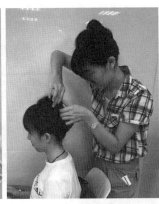

多練習綁頭髮才會上手

◆妝容

不管男生女生都要在乎「面子」：

1.男生：應該要做好臉部清潔，空氣污染讓臉部容易毛孔阻塞，騎摩托車的男生更要注意將臉部清潔乾淨。男生可以有基礎的臉部保養品，例如化妝水、乳液等，偶而可以做臉部去角質或保濕，適度修好自己的眉型，鼻毛及鬍子也要定期修剪保持清爽，季節變化時嘴唇容易乾裂，可以準備一條護唇膏。男生的指甲要剪短及保持乾淨，夏天可以考慮適度擦防曬，避免膚色不均或曬得脫皮乾燥，對外型都是扣分的喔！

2.女生：就像作畫一樣，基本上需要乾淨的畫布，因此女生要保持好膚質，膚質太油或太乾都不行，選擇適合自己的臉部保養品，必要時需要看皮膚科醫生將臉部的問題處理好，避免自己隨意處理痘痘讓臉上留下疤痕，保持好的膚質狀況才容易上妝。

(1)基礎保養：首先選擇適合自己的基礎保養品，包含洗臉、化妝水、乳液。換季的時候臉部容易乾燥，可以適時敷臉護膚保持

化妝需要多學習及練習

臉部濕潤，定期修整適合臉型的眉型，讓自己看起來「眉清目
秀」。

(2)打底：臉部做好基礎保養之後，依照順序上：妝前乳、防曬／隔
離、飾底乳／粉底液、蜜粉，臉部打底完成。

(3)上妝：

‧眉毛：注意眉毛顏色要選擇比髮色略淺的顏色，會給人較溫
和的感覺不會氣勢凌人。

‧眼妝：容易渲染的眼部皮膚避免選擇眼線筆，要選擇眼線液
免得變成熊貓眼，剛開始學化妝的同學建議眼影選擇大地
色，也就是膚色／咖啡色這類的眼妝較不突兀。

你是屬於冷色系還是暖色系？
如何找出自己屬於哪一種？

第一，如果自己平時戴金色首飾或是金色的眼鏡框較好看，就是
屬於暖色系，如果是戴銀色首飾或是銀色眼鏡框較出色，則是冷色
系。

第二，看自己手上的血管，血管看起來如果是綠色則是暖色系，
看起來是藍紫色則是冷色系。

冷色系適合的口紅有大紅、粉紅、豆沙色；暖色系適合的口紅有
橘紅色、珊瑚色。

適合航空公司的妝容

如果要報考特定航空公司，可以參考該航空公司空姐的妝容，她
們的妝容都是最能搭配及凸顯公司制服的顏色。參考準備要報考的航
空公司空姐標準彩妝，讓自己看起來更容易識別、更容易雀屏中選，
因為你看起來就像是他們的一份子一樣，沒有違和感。

(三)裝備性質的準備

報考航空公司需要準備面試時所要穿的服裝及鞋子,事先選擇打點好符合自己身形的服裝,要注意保持自己的身材,平時多運動健身維持體態,因為再好的衣服都需要有好的衣架子。

◆ 男生的裝備

選擇合身的西裝,包含西裝外套、白色襯衫、領帶、皮帶、長褲、襪子及鞋子。穿西裝必須露三白,也就是露出領子、袖口和口袋巾,這樣最能突顯紳士風度,領帶的長度要碰到皮帶但不要低於皮帶,也就是幅度保持在皮帶之間是最佳長度,瘦矮的男生適合細長形領帶有拉長身形的效果,身材高大壯碩的男生可以選擇較粗一些的領帶,搭在魁武的身材上看起來比較大方,長褲的長度站著的時候保持垂在鞋跟一半的長度,不要太短也不要拖地,襪子要深色系,可以選擇黑色、深藍色或深灰色。

何謂「西裝露三白」?

西裝要能襯托出身材及體型,重要的是慎選剪裁及選對尺寸,所謂「露三白」,第一白指的是襯衫的領子必須比西裝高半吋,也就是從後面可以看到襯衫領子高於西裝領子,第二白是襯衫袖子要透出西裝袖子,也就是手垂直放下後可以看到襯衫袖口突出西裝袖子半吋的長度,第三白是口袋巾(pocket square),在西裝口袋內放一條口袋巾,整體看起來給人紳士穿搭風格。

西裝露三白

資料來源:lookastic.com

◆女生的裝備

　　航空考試面試的服裝需要事先準備，平時就可以先選擇好適合自己的尺寸及好的材質，不要等到要面試了才到處尋找服裝而分心。

1.服裝：可選擇一件式洋裝（one piece dress），也可選擇三件式套裝，建議選擇裙裝，有一些行業較彈性可以選擇褲裝。裙子長度保持在膝蓋上約半吋的距離較優雅，切記不可太短或是想要凸顯身材，結果適得其反，容易給人輕佻感，失去專業度。

2.鞋子：選擇皮革面但不要是漆皮，因為漆皮比較搶色，如果有關注航空公司的服裝儀容要求就會發現沒有漆面鞋子，因為畢竟制服才是焦點，一般高度在3～5公分是最舒適的高度，可以穿一整天很適合航空地勤人員；而空服員有分成in-flight shoes和out flight shoes，前者是上飛機工作時候穿，畢竟飛機上空服員主要的兩項工作——第一是安全，第二是服務，太高的鞋子不利於安全性，也很難在高空中穿很久，後者是在飛機以外的公眾空間穿的，踩著高跟鞋給人

整齊的妝法及服儀

有專業感，也能將身線比例修飾得很好，搭配上航空公司專業制服塑造良好形象。鞋型選擇一般簡潔型包鞋，不要有綁帶子或是厚底跟，有些人甚至在面試時會穿靴子，這些都不正式很不適合。

3.襪子：航空人員因為長期站立有些人會選擇醫療專業用彈力襪，一般來說150丹的壓力較適中，有良好的支撐效果又不會太緊看起來像假腿，由於彈力襪有些亮面感看起來會有膨脹感，所以要慎選顏色，穿彈力襪時要坐著慢慢穿，這樣才能將彈力襪拉穿平均。如果穿一般絲襪，則建議穿膚色絲襪，也可視報考的公司制服，選擇一樣的顏色搭配。

第二節　航空面試應對

　　有些航空公司接受高中職學位報名，例如一些廉價航空公司，但多數航空公司均要求大專以上學歷，有些大學生一心想進航空公司，當考進這些廉航之後來問我是否要休學，我都會請他們再三考慮清楚，畢竟拿到大學學歷之後仍然有機會報考。航空公司考試一般在每年的3月中由外商航空公司展開，然後其他航空公司陸續進行招募，考前有許多應該準備的工作，但也有些事情不應該做：

一、考前不應該做的事

1.考前不應當安排一些太冒險瘋狂的戶外活動，導致受傷讓自己無法正常參加面試，應當讓自己身體狀況及外貌保持在最佳身心狀態，一些戶外活動不建議，例如安排騎單車環島壯遊、海邊衝浪等運動，旅途中如果萬一受傷在臉部或是手腳上有明顯的疤痕，都會影響面試時的自信度，有些航空公司也會避免錄用身體有明顯外傷疤

痕的考生，畢竟服務業很多都注重外型。此外，如果曬太多太陽把自己曬傷讓膚質出油脫皮，很難打理也很難上妝，這樣都不利於準備面試時的最佳狀態。

2. 考前不應當把頭髮染成奇怪的髮色或是剪的髮型太短太奇特，導致考試的時候很難修正，航空公司較難接受奇裝異服或是特異獨行的裝扮。

3. 避免在考前才做牙套或是做近視雷射手術，這類的醫美手術雖然都是為了更美更好的外型準備，如果決心要做也要及早規劃，特別如牙套的療程時間較長，要給自己充分的時間。

4. 考前忌吃太多大餐或重口味食物導致身材走樣或是水腫，要注意維持最佳體態保持理想體重，航空公司對於外型的要求較嚴格，一般來說最好是身高減110～120之間是較理想的體重，例如女性身高165公分體重應當在45～55之間是理想值，穿起制服也才專業。

5. 避免考前過度減重，許多航空公司錄取之後會做健康檢查，不正常的減重可能導致身體狀況有異狀，有時候反而會被刷掉，例如血紅素數值或血壓不正常。還有些人很少喝水結果尿道發炎，健康檢查不合格，要特別留意。

6. 考試不需要做假睫毛或是做水晶指甲，航空公司並不鼓勵這樣過度的裝扮，特別是應屆畢業生應當是自然清新，優雅大方的形象即可，記住並不是選美大賽。

7. 考試所需的服裝鞋子應當事先備齊，不可以臨時抱佛腳，特別是新鞋子會咬腳，結果面試當天走路一跛一跛的，痛失錄取機會（請注意面試官不會接受新鞋子或尺寸不合這樣的藉口，畢竟這些都是可以提前準備的，真正用心的報考者一定會提早準備）。

二、考前應當做的準備

1. 每日到想報考的航空公司網頁查看，是否有相關招募資訊，可以組讀書會大家分工合作彼此通報，才不會錯過考情。

2. 可以適度的運動，保持身體柔軟彈性，航空公司是服務性質的工作，並不是去當大少爺大小姐，有些航空公司會讓報考者搬重物到置物櫃，如果太瘦弱的人就無法承擔。此外，由於報考空勤有身高限制，雖然基於就業服務法相關規定不得限制就業者的身高體重，但如果是基於工作需要是合理的，飛機上的行李置物櫃有一定的高度，通常會定在208公分的高度，所以對於身高在邊緣的報考者，當手舉高是否可以碰到208這條線是關鍵。對於較矮小的人，記住因為可以墊腳尖所以要保持身體的彈性，這樣才能一次到位，順利構到合格線一次過關。

3. 女生多練習化妝及綁頭髮，男生也要多習慣穿皮鞋穿西裝，這樣才不會在面試時卡卡的很不自然，有些航空公司會要求走台步，因此應該提早練習並穿好選定的鞋子多走幾次。

4. 為了保持良好的儀態，可以多貼牆站立，找到身體抬頭挺胸的標準站姿，脖子要挺直頭部避免向前傾，可以多照鏡子練習找到最佳姿勢，或是將自己的儀態錄影下來，看看自己慣常的動作是否有修正的必要，可以請家人或同學師長幫忙。

5. 提早拍證件照，找會拍的攝影公司幫忙，因為證件照大多拍得比本人醜，再加上有些人不上相，明明本人很美拍照卻大打折扣，所以提早準備「好」的證件照，有助於在海選第一關時憑資料美照可以雀屏中選。

6. 提早準備個人照，部分航空公司會要求提供個人照，此時可以提供生活照，但注意不是隨意的生活照，必須仔細選擇找出合適的相片，請不要提供千篇一律的擺好專業pose的相片，也不要提供看起

來很不自然也不合邏輯的修過的照片，或濾鏡很重的相片，可以選擇文青的生活照較佳，如果與該航空公司有相關的照片也很適合，例如報考長榮航空，使用以前搭乘長榮航空時的相片就代表著很關注這家公司，一直是長榮航空的粉絲這樣的印象。也可以選擇旅遊時拍的生活照，例如出國旅行的相片，注意相片本人為主背景為輔，人物不能很小看不清楚，也要注意背景避免複雜，讓人物失焦。

7. 可以找「航空考試一百問」這類的題目練習應答，看看自己是否說得很流利？會不會因為緊張而口齒不清，還要注意自己的神情，回答問題時眼睛是否往上飄，看起來很不集中或很沒自信。報考外籍航空公司者也要多用英文練習問與答，讓自己能在很短的時間講出最好的答案。

8. 可以準備30秒、1分鐘兩個版本的自我介紹，當被指定時間做自我介紹時能夠以最從容的樣貌最精簡的自我介紹，注意在應答或自我介紹時都要全程保持笑容，還沒輪到自己的時候也要注意聆聽別人的回答，保持笑容展現最佳風度。

9. 準備好完整的履歷、自傳。履歷上盡量不要有立可白修正的痕跡，自傳的部分不需要將履歷上面的資料重寫一次，把自傳想像是一張介紹自己的信，如何脫穎而出，自傳有別於履歷的制式規格，可以讓你有機會寫出你的特色，把自傳分成四等份，一樣是起承轉合：

(1)第一段快速介紹自己生長在怎樣的家庭，記得每一個寫得點背後都有想要讓人看到的亮點，例如出生於單親家庭凸顯的是你的獨立與力爭上游，也可凸顯單親父／母親給你的完整家庭及良好家教。

(2)第二段寫求學階段自己的豐功偉業，必須緊扣與應徵工作有關的部分，例如求學擔任過的職務教會你團隊合作，也可以寫參加過的社團或是得到的肯定、獎項以及實習工作的經驗，例如實習工

作讓你學到用心觀察及感受別人的需要。也可以寫曾經做過哪些在實習公司受肯定的榮耀等。

(3)第三段可以寫下自己為何熱愛服務業，為何喜歡接觸人群，寫出屬於自己打動人心的故事，必須為發生在自己身上的具體事實，可以稍微修飾但不可以抄襲別人的心情故事。真實的故事會讓審核資料的考官對你有印象有興趣，海選紙本資料的時候較有機會勝出，或是在面試的時候對你好奇提問，增加考官對你的好感。

(4)最後在第四段可以感謝面試官給機會，並試著寫出自己未來對公司的貢獻，自己比別人適合這個工作的原因，為何自己適合這家公司，是因為自己的個性？自己的興趣、喜好？記得千萬不要寫航空公司的優點，而要寫自己的優點，有許多人弄錯方向寫了這個工作的諸多優點，例如空服工作可以讓我有國際工作的機會、可以經常旅行可以多練習英文……這些都是航空公司自己知道的優點，應當寫下你的優點，這個部分是航空公司不知道但非常有興趣知道的地方。

三、參加面試當天

如果對考場位置不熟悉，記得考前先去一趟，想好交通工具及搭乘所需時間，考試前一天要提早就寢讓自己放鬆心情，睡眠充足能夠有好的表現，考試當天的氣色也會比較好。如果考場在外縣市，那麼可以考慮前一天住到離考場較近的飯店或是借住親友家，考試當天你該這麼做：

1.提早起床給自己充分的時間準備，好好打理自己的儀容，妝髮要盡量仔細，如果服裝容易皺可以考慮帶去考場再換裝，鞋子也一樣，寧可帶去換免得穿著高跟鞋搭捷運走路都很辛苦，而且可能鞋子都是灰塵，或是到了考場服裝皺了、鞋子髒了、絲襪破了、天氣熱好不容易畫好的妝也融化了……這樣就很狼狽了，因此寧可選擇較輕

鬆的交通工具例如搭乘計程車，如果搭乘大眾交通工具就帶著衣服提早到考場再換裝。通常建議提早一小時到考場，換好服裝整理好頭髮，再檢查一下妝容，然後放鬆心情，心裡模擬一下待會兒可能的情境，讓腦袋安靜一下準備上場。

2.一到考場除了整理自己之外，別忘了在要求的時間內報到，將自己該準備的資料備齊，航空公司非常注意「守時」觀念，因此絕對不可以遲到，試想若機長或是空服員遲到，難道是要整架班機的乘客等候嗎？航空公司的準時概念根深蒂固是不可以違背的，因此切記不要遲到。除此之外，到了考場對於周遭的人都要客氣，例如繳交資料的時候、上廁所的時候……因為考場附近都是航空公司的工作人員，你的一言一行也許都會被通報給面試官做參考，面試絕對不是輪到你面試的那一刻才開始，因為聽其言觀其行，如果你面試時非常客氣表現傑出，可是真實的面目是在繳交資料時態度傲慢，或是使用洗手間時衛生習慣不好，這樣的人品不會是公司想要找的。因此一定要特別注意與人互動要有禮貌，態度謙和有禮。

3.輪到面試的時候，入門時不管是門關著或是半掩都要先敲門等候回應，進入時輕聲關起門來，回過頭立刻將微笑堆滿臉，自信地走到被安排的位置，如果是一個小團體同時面試，那麼團員間要保持禮貌互動。如果室內安排有椅子應該先詢問再坐下，不可一屁股就自己坐下。

4.面試時應當爭取機會發言，但千萬不可以太過於激進主動，讓人有搶答的感受，但也不應當完全不回應不爭取，因為分秒必爭，只要有屬於自己回答的機會就應當把握，面試官才會對你有印象。如果是開放問答不一定要搶在第一個回答，但也要在第二或第三個機會就出手爭取，以免由於時間考量主考官決定提早結束就可惜了。

5.離開時用最可愛燦爛的笑容送給主考官，點頭致意並謝謝他們的寶貴時間，離開前也可以對自己同組的人打氣，互相祝福展現自己大

氣大方的一面，畢竟大家都已盡力將自己最佳的一面表現出來，之後就是盡人事聽天命等候通知了。

6.如果收到錄取通知要確定在期限內回覆航空公司，並積極準備下一次的面試，記取上一次自己做不好的地方，學習在場其他做得不錯的人的優點，在下次面試時可以把自己最佳的一面表現出來。如果已經收到最終錄取通知，那麼恭喜你，此時你要準備航空公司要求的文件，可能包含辦護照（如果還沒有護照的人），如果航空公司錄取的人較多需要分次報到，並詢問你要報到哪個梯次，建議你報到最早的梯次，因為這與後來的年資（seniority）先後有關，進入公司的先後順序影響所有未來選擇權的先後順序，包含排班表、排年假、將來搭飛機的先後順序等，影響甚鉅，不可不慎。

7.在正式錄取報到之前一定要注意航空公司通知報到的重要日期及時程，例如健康檢查排程、茶會、新人報到等，這些都不可以耽誤以免被取消資格。

四、考取之後參與訓練

考取之後會安排各式訓練，一般來說空服員會有飛機的基本訓練，特別是機上安全訓練及考試，如果不通過通常只會給一次機會，如果再次失敗代表抗壓性不夠，在緊急逃生的情況下這個人是不可靠的，因此都會被刷掉代表失敗，會被即刻退出受訓遣回。因此在初期的安全逃生訓練階段非常辛苦壓力也很大，一定要小心應對，耐著性子小心通過必要的訓練，緊急逃生訓練結束之後才會開始餐飲服務的訓練，此時如果沒有大錯，應該就能完整地通過所有的訓練結訓，領到夢寐以求的象徵翅膀的空服徽章，到了此刻就真的恭喜你了！

以上是報考航空公司的準備工作，空勤通常會有較多到面試關卡，地勤稍微少一點，但不代表地勤比較好考，許多航空公司對地勤的要求在

外型、應對以及語言方面抱持與空服員一樣高標準。如果是機師考試，則對語言、身體健康狀況要求標準很高，航空公司會準備一套篩選方式測試報考者能力，包含「多工」（multi-task）以及「團隊合作」（team work）和「抗壓性」（stress resistance），畢竟高空當中，這些都是優秀的航空人員所需具備的特質。

 課堂活動設計

    1.請同學貼牆站著練習美姿美儀。
    2.請同學面對鏡子練習走姿、站姿、坐姿。
    3.設計航空公司擬真面試。

延伸閱讀

Evans, V., Dooley, J., & Coocen, L., (2016). *Career Paths: Flight Attendant Student's Book with Cross-Platform Application.* 東華。

Wards, K., (2000). *The Essential Guide: To Becoming a Flight Attendant.* Kiwi Productions.

空中老爺（資深座艙長）（2017）。《空中老爺的日常》。寶瓶文化。

Part 5

住宿禮儀
Hospitality Etiquette

　　住宿是旅遊很重要的一環，旅遊當中除了機票之外花費最多就是住宿！幾乎可以說住宿的選擇決定旅遊的型態、品質或是等級。旅遊的動機包含逃離、休息、放鬆、聲望、健康、冒險、學習、觀光及購物等各種內外在的需求，基於這些動機決定住宿的型態，而這些不同的住宿選項帶來很不一樣的旅遊體驗。旅遊當中住宿的品質是整體性的，硬體的部分包含環境清潔與衛生、公共設施的便利性，而軟體的部分就是旅館從業人員的禮儀應對素質了，因此住宿禮儀不管對於消費者方或是提供服務的旅館從業人員來說，都是非常重要的。

Chapter
13

住宿禮儀

第一節　國際旅館

第二節　日式飯店

第三節　民宿、小木屋

第四節　新型態旅館Airbnb

旅遊業住宿有哪些分類呢？根據中華民國內政部營建署的「觀光旅館建築及設備標準」相關規定，國際觀光旅館房間數應有單人房、雙人房及套房三十間以上，其大小標準及館內設備如餐廳大小占比都有仔細的規定。

住宿的選擇決定旅遊的型態、品質或是等級

　　住宿服務業包含旅館業及其他住宿服務業，其中旅館業的型態包含有各類設施的觀光旅館業，其設施包含咖啡廳、會議室、酒吧、商店及遊樂設施等設備，另一種就是一般旅館服務業，包含賓館、旅館、旅社、汽車旅館等，而其他住宿服務業則是除了旅館業以外住宿服務的行業，包含民宿、露營中心、招待所等。

住宿服務業的分類與內容

住宿服務業分類	內容
觀光旅館業	飯店、酒店（須包含咖啡廳、會議室、酒吧、商店、遊樂設施等設備）
一般旅館服務業	賓館、旅館、旅社、汽車旅館
其他住宿服務業	民宿、露營中心、招待所

　　這些提供住宿服務的單位又可依性質區分，例如以地理位置有機場旅館及溫泉度假旅館；依照旅館的規模大小則從星級旅館到民宿旅店；旅館的目的性質則包含招待所、商務旅館、度假旅館、背包客旅宿等；至於從旅館的市場經營定位來看有精緻旅館、賭場遊樂旅館、私密旅館等；依照旅客類型則包含家庭式旅館、寵物旅館等。

住宿服務業的區分方式

分類	類型	需求
地理位置區分	機場旅館、溫泉度假旅館	地點便利性、特色性
規模大小區分	星級旅館、民宿旅店	規格、特色性
目的性質區分	招待所、商務旅館、度假旅館、背包客旅宿	滿足所追求的目的
市場定位區分	精緻旅館、賭場遊樂旅館、私密旅館	個別族群旅客的需求
旅客類型區分	家庭式旅館、寵物旅館	提供住宿成員周到的服務

　　不同類型的旅館服務人員，依照旅客的需求、偏好提供所需要的服務，例如，星級飯店需要有到位的標準和規格、旅客接收到的服務不能有太大落差；反之，民宿旅店的形形色色、意外的驚喜反而是旅客所歡迎的。

第一節　國際旅館

　　在國際星級旅館住宿，應該是旅遊當中最放鬆也最享受的時候了。根據2020 *Hotel*雜誌調查與統計全球酒店集團與聯盟概況，全球酒店集團中最強的前五名分別是第一名的萬豪國際酒店集團（Marriott International），第二名的中國錦江國際酒店集團（Jin Jiang International），第三名的印度Oyo平價酒店集團（Oyo Rooms），第四名的希爾頓全球酒店集團（Hilton Worldwide Holdings Inc.）以及第五名的洲

際酒店集團（InterContinental Hotels Group, IHG）。一般旅館的基本服務是做到SOP（也就是所有的服務必須達到一定的標準），而星級旅館則是要超越SOP做到客製化（customized），要做到客製化便是學著「聆聽」客人的需要，提供細緻貼心的服務，讓客人「超越期待」。這些星級國際旅館往往接待許多社會名流及名人雅士，因此維護客戶的隱私是最高指導原則。

入住星級旅館

一、入住星級酒店一般流程

1.酒店提供機場接送服務，房客依指示到達會面點（meet point）便有酒店專車等候，將行李交給司機員後上車，車上會備有迎賓果汁或瓶裝水及濕毛巾（おしぼり），在回酒店途中可與司機寒暄閒聊，但注意司機的工作目的是安全的駕駛不應過度干擾。

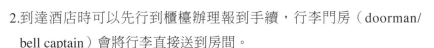

2.到達酒店時可以先行到櫃檯辦理報到手續，行李門房（doorman/ bell captain）會將行李直接送到房間。

3.進到房間後應該：

(1)檢查房間：檢查房間備品是否足夠或有額外需求，例如枕頭軟硬度是否適合、毛毯被子是否夠用、房間礦泉水是否足夠等。飯店毛巾尺寸一般有三種，最小條的方形毛巾擦手用的，其次是擦頭髮用的毛巾，最大的是擦乾身體用的毛巾。一般健身房有專屬的毛巾，不需要從飯店房間帶出去。

(2)預約設施及服務：可以詢問飯店設施開放的時間，例如需預約餐廳、三溫暖、健身房等設施。有些飯店有擦鞋服務（shoe polish），可以將鞋子放在固定的鞋盤或鞋袋裡請房務來取。

(3)安排行程：瞭解飯店地理位置、安排當地旅遊行程等。

(4)進出房間注意事項：離開時若需要請房務（house keeping）整理房間，應當將貴重物品鎖到保險箱，並大略收拾一下私人物品，方便房務進來整理房間，離開時記得將房門設在「請打掃」（please clean up）模式，而不是「請勿打擾」（do not disturb）模式。

請勿打擾／請打掃告示牌

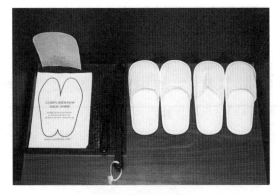

飯店的擦鞋服務

資料來源：hutchgo.com曼谷愛灣酒店

二、入住酒店的NG行為

不管是金碧輝煌的大廳或是雅緻舒適的擺設，入住酒店總是讓人立刻感到心情放鬆。但是，基本禮儀可不能跟著放假了，以下是入住酒店應該避免的事：

(一)穿著隨便

高級酒店對於住客在不同場合有服裝上的要求，特別是到餐廳用餐應當注意服裝要求（dress code），避免從泳池著泳衣然後披著浴巾就到酒吧或飯店大廳，服裝不整逛飯店給人觀感不佳，也會造成飯店整體素質下降。

(二)服務人員不是佣人

高級酒店服務大都是無微不至，以客為尊，但他們該得到應有的尊重，而非你專屬的佣人，酒店仍然有許多例行工作。酒店服務生常常接待來自全世界的權貴名人，與其表現出權勢富貴，更應當表現出自己的人品及修養。

(三)不要打探隱私

維持顧客隱私幾乎是高級酒店的基本工作及要求，不應當為了好奇而打探名人明星的行蹤，服務員都有受過訓練也被要求嚴格保密，因此不要為難服務人員，此外，如果你在下榻的酒店碰巧遇到明星名人應當給予尊重，未經允許不可以任意拍照或錄影，更不應該任意上前打擾要求簽名。

(四)不要打包酒店物品

酒店房間的部分物品屬於免費提供（complimentary），例如咖啡、茶包、礦泉水、迎賓水果、盥洗用品等，可以入住使用或帶回當做旅遊紀

念品,但是千萬不可以因為喜歡就隨意打包回家,因為這些都是方便房客入住時使用,例如浴袍、毛巾、吹風機、咖啡壺、冰桶、迷你酒吧的杯子及開瓶器等。

> 根據Wellness Heaven網站的調查,飯店失竊的物品清單中,五花八門從最小的筆,至大型傢俱如電視、床墊、桌子都有人偷,最容易被拿走的是毛巾和浴袍,還有酒杯、衣架、餐具等。

三、入住酒店要注意的通則

(一)服裝禮儀

在酒店除了關起門來房間內的隱私之外,其他地方都屬於公共空間,例如大廳、餐廳、商務中心、健身房、泳池及三溫暖等都是公共空間,事實上包含房間外的走道都屬於公共空間,有些團體客人基於自身方便會穿著睡衣穿梭在不同客房之間很不恰當。入住酒店的服裝禮儀有:

1. 進入泳池應當穿著泳衣戴泳帽,離開泳池區域應該要換好衣物,不可以穿著泳裝或是打赤腳穿室內拖鞋等進入電梯、餐廳、酒吧,或是坐在大廳等公共區域。
2. 進入正式的餐廳必須穿著整齊,太休閒的服裝例如短褲、背心、拖鞋等都不適合,自己要留意服裝要求以免被擋在門外。
3. 避免在公共區域穿著過於暴露的服裝引人側目,或是在公共場合做太親密的互動讓人不自在甚至不舒服。
4. 進入健身房應當穿著運動服和運動鞋,不應當穿著拖鞋、便鞋、涼鞋甚至是房間紙拖鞋就去跑步機跑步,這樣容易受傷也十分危險。

(二)音量禮儀

飯店內保持音量是基本禮貌，以下要特別留意：

1.在大廳報到櫃檯拿房間鑰匙時，留意放低音量，特別是不要大聲詢問朋友的房號或大聲說出自己的房號，容易招致危險。

2.看電視或聊天應當將房門關上以免妨礙他人安寧也確保自身安全，此外不應當將房間當作辦派對的地方，肆意飲酒聊天、唱歌或大聲喧譁，打擾其他住客的安寧。

3.若攜帶小孩同行，避免孩子大聲嬉鬧尖叫造成其他住客困擾，有些住客可能來自國外有時差，睡眠時間不同，因此不能因為是白天就任意讓孩子喧鬧，應該多考慮其他人。

4.不應該在房間內練習樂器、大聲唱歌，如果有表演或比賽需要，可以詢問酒店提供其他房間做使用。

(三)安全禮儀

1.不可以在房間內吸菸，這是為了安全考量以及衛生清潔考量，如果在非吸菸房間吸菸，飯店可以加收房間的清潔服務費用。

2.不可以任意在房間晾衣服，特別是披掛在檯燈上面容易引發火災。

3.不要暴露貴重財物，以免為自己引來危險。行李上面的行李牌有寫名字，注意不要暴露以免引起有心份子藉故搭訕或打擾。

4.避免在公共區域大聲報出名字和房號，以免有心人士藉故搭訕或打擾。

5.如果有陌生人敲門，可以先從門鏡（或稱貓眼）觀察是否為熟識的人，如果不確定最好不要開門，或是先將房門鏈條掛上等確定來人再開啟。

6.在浴室使用電器用品要特別注意，在泡澡的時候不可一邊使用電器用品以免觸電發生危險。

7.若住宿期間碰到停電或是警報器響，應該聽從飯店人員指示由緊急
出口迅速離開。

(四)基於禮貌禮儀

1.接收服務可以適時點頭微笑表達感謝，不能因為付錢就認為是大
爺。

2.在進入飯店大門、電梯時，男士應禮讓女士先進先出。

3.在餐廳需要服務生時以眼神示意或是微微舉手即可，不需要大聲叫
喚引人側目，打擾其他人用餐。

4.退房時要將房間大致收拾，才不會遺漏該帶走的私人物品。飯店物
品不可毀損破壞或是惡搞，徒增房務人員負擔，變成飯店黑名單拒
絕往來戶。

5.除了飯店櫃檯不需給小費之外，其他許多地方都要給小費。

6.門房協助搬行李時要給小費。

7.餐廳或酒吧消費都需要給小費。

小費（tips）

　　小費是服務業中顧客基於服務品質表達感謝回饋的方式，沒有規定的金額，但在有實行給小費的國家中，則通常有一定的比例。

1.用餐：在歐美大都是消費金額的10～20%之間，午餐是
10～15%，晚餐則是15～20%，在高級餐廳（fine dining）則依
服務滿意度可以給到25～30%，或更高。

2.搬運行李及其他服務：大廳門房協助搬運行李，在國外是依
行李大小給小費，一般大約2～5美金，如果行李較多會給
到10美金。如果不是飯店人員協助，而是利木津巴士業者
（Limousine），或是類似door to door shuttle（點到點）巴士業
者，那麼小費就要比照餐費的模式，以消費金額的比例去給。

8.需要額外房務服務或是每日打掃清潔時要給小費。

9.叫客房用餐時（room service），服務生送餐來也要給小費。

第二節　日式飯店

　　根據行政院主計處2020年統計，國人最愛造訪的國家地區，連四年由日本奪冠占三成，大陸排行第二，而南韓超越香港，首度躋身前三名。不管是到日本旅遊或是在國內旅遊，夜宿日式飯店是國人喜愛的熱門選項。日式飯店的特色在於日式建築風格及享受泡湯的活動，除此之外，感受日式服務也是一大享受，由於日本人非常注重禮儀，因此旅宿日式飯店應當入境隨俗，特別在禮儀上面留意，這樣能夠更加享受並融入日本文化，旅居日式飯店有哪些禮儀呢？

入住飯店讓人身心放鬆

1.日本人非常注意細節，不願意造成他人困擾「お迷惑掛けなよに」，因此特別自我要求，例如要降低音量，有些老舊日式旅館木質地板嘎嘎作響，一點腳步聲就可能影響到睡覺的鄰居，因此無論是關門或走路爬樓梯都要儘量放輕腳步，減低音量，脫下鞋子時也應當注意要將鞋子放在鞋櫃或是把鞋頭往外的方向置放。

2.日本旅館中會有「女將」及「仲居」的協助，入住旅館後女將會前往每間客房，逐一向入住客人寒暄問候，藉以確認服務品質及提升業務，通常日本旅館提供一泊二食，可以選擇在房間內用餐或是到餐廳用餐，而仲居則是負責用餐服務等接待工作，此外房間內鋪棉被的工作是由「番頭」的男性工作人員進行，用完晚餐後，番頭便會到房間為房客鋪好棉被，用餐前沒有時間去泡湯的人可以在飯後稍作休息後去泡湯，注意泡湯時間限制。在日式溫泉旅館入住可以著旅館提供的浴衣及木屐在公共空間走動，也可以直接著浴衣至餐廳用餐，如果是溫泉鄉而旅館周圍也有旅遊景點，那麼是可以著浴衣四處走走散步，但應注意衣著整齊。

3.在日式旅館泡湯分成男湯和女湯，這樣的大眾湯都需要裸身泡湯，在進入池子前要先用溫水暖身，把身體洗乾淨才能泡湯，毛巾和頭髮都不能碰到浴池的水，更不能穿著泳衣入浴，入浴前先沖澡，沖澡主要是為了維持浴池的清潔度，也能讓身體適應水溫，注意身體跟頭髮清潔用品都不可以入浴池，必須在「坐浴處」清洗，但不可以在坐浴處洗衣服，大毛巾不可下水，進入池內也不可以動作太大濺起水花等。對於外國人來說，公眾裸身確實是令人抗拒的一件事，在心理上更要保持平常心，不可大驚小怪或是猛盯著別人的身材打量，這樣是非常不禮貌的行為。

4.為避免損害榻榻米，走在榻榻米上面應當避免走在兩塊榻榻米中間線，也不要讓小孩子過度玩耍或是推拉榻榻米，更避免傾倒飲料食物等。

5.在日本守時很重要，如果預約館內用餐卻不準時，會給工作人員帶來很大的困擾，也會耽誤到下個時段房客的用餐。

6.在日式旅館內可以自由使用移動或擺放房內空間，除了「壁龕」這個內凹進去的空間，通常用來擺放名貴的畫作或是鮮花盆栽，代表旅館主人對客人的歡迎，因此在這個地方避免胡亂擺放物品。

7.日本浴衣的正確穿法應該是左襟在上右襟在下，然後繫好腰帶即可。如果是左下右上那是日本往生者的壽衣穿法。如果天氣較冷可以在浴衣上面套上「羽織」，有些飯店會準備材質比較厚的「丹前」。

日本溫泉旅館提供的服裝

資料來源：jlan.net

🤝 第三節　民宿、小木屋

　　根據民宿管理辦法，客房數八間的旅宿稱為民宿，現今旅遊風潮的改變，選擇民宿的人變多了，因為有別於星級飯店的五星級尊榮享受，民宿給人親切、放鬆接地氣的感覺，選擇民宿有哪些要注意的呢？

1. 不要無故取消預訂。民宿客房數很少，要體諒民宿主人的困難，一旦臨時退訂很難把房間銷售出去，因此做個負責任的好旅客，不要臨時取消退訂。

2. 不可以超過指定住宿人數。民宿有規定的入住人數，不要超過不然業者可以加收差額或是拒絕入住，因為民宿業者有營業規定，違反規定可能連帶影響營業許可。

3. 音量不可過大。例如深夜唱KTV或是燃放鞭炮等擾民行為，或是嬉戲玩樂大聲喧譁，都會影響附近的居民。

4. 珍惜使用民宿提供的設備，包含珍惜使用水、電、瓦斯，如果烤肉煮飯都應當善待民宿貼心提供的物品，避免不當使用。

5. 小木屋內應當小心火燭，避免抽菸或煮食等易燃物品。此外，小木屋一般都在郊區，出外旅遊本希望多接近大自然，小木屋當中也會有這些伴隨大自然的小昆蟲，可以先用防蚊防昆蟲等用品驅趕，不需要大驚小怪，進出小木屋也要留意關門窗，避免這些不速之客進入。

6. 現在有越來越多元的住宿選擇，例如膠囊旅館、青年旅館等較為平價的選擇，這種方式大都會與其他人共宿在公共空間，注意財物不露白，睡覺時也要留意安全，訂房時應當留意網路評價，選擇安全住宿地點，避免因為一昧顧及價位而忽略安全。

第四節　新型態旅館Airbnb

Airbnb成立於2008年，當時兩位設計師將家中空間出租給三位正在尋找住宿的旅客。現在，全世界可見Airbnb，這樣的「共享經濟」在旅館住宿業寫下了特別的篇章。

一、入住Airbnb

對於習慣下榻旅館的人來說，出外旅行抵達陌生人的房子過夜，可能會令人有些擔憂感到不確定，雖然Airbnb都會有入住規定詳列在網頁上，當你下單確認入住時，代表接受條列的規定。除此之外，還有哪些要注意的事項呢？

1. 行前多跟Airbnb房東溝通，溝通時應當注意禮貌及回應的時間和及時性，除了入住的狀況和須知之外，不要把房東當成導遊，占用很多時間詢問。
2. 準時到達，避免讓房東久候為你開門，如因故延遲也必須及早通知。
3. 入住時不可多帶額外的人或是寵物，在沒有告知房東的情況之下，會被罰款或是拒絕入住。
4. 如果你與他人共用公共空間，要尊重房東或其他人的生活作息，在使用公共設備（例如廚房）時禮貌客氣地預先詢問。此外，使用共用的廁所及衛浴設備，應注意不要占用太久，使用完畢檢查一下四周保持清潔，並將個人物品帶走，不要霸占空間。
5. 注意音量，避免噪音擾鄰。
6. 注意保管自己的財物，財不露白。

二、HomeAway、Campinmygarden

共享經濟改變我們的生活，也幫我們省了一大筆錢，還可以讓我們交新朋友。除了Airbnb還有其他網站讓住宿有更多元的選擇：

1. HomeAway：這是美國一個知名的度假公寓線上訂房平台，提供多元的選擇，小到一間客房大到一棟別墅，特色是可以充分體驗當

地文化。

2. Campinmygarden：中文翻譯成「我家花園可露營」，這是房東將花園提供出來，入住的旅客只需要一個簡單的帳棚就可過夜。

新型態方式如雨後春筍遍地開花，帶給人們更多元的選擇。需注意的是，入住之前多留意網路評價，不要以飯店的高標準去期待，此外，應尋找適合自己的方式，或是找尋和自己風格相近的，這樣就能有愉快的入住體驗。

 課堂活動設計

1.請同學分享入住各種不同旅館的經驗（包含國際觀光旅館、日式旅宿、Airbnb等）。
2.請同學討論新型態旅館對傳統旅館帶來的衝擊與優缺點。

延伸閱讀

Leigh, G., (2017). *The Airbnb Story: How Three Ordinary Guys Disrupted an Industry, Made Billions... and Created Plenty of Controversy*. Houghton Mifflin.

中華民國統計資訊網，行業統計分類，https://www.stat.gov.tw/public/Attachment/6427152602.pdf

日高民子（2003）。《日本文化巡禮》（春夏秋冬四集）。統一出版社。

周明智（2011）。《旅館管理》。五南圖書。

蔡惠仔譯（2021）。Robert Chesnut著。《Airbnb改變商業模式的關鍵誠信課》。商業週刊。

蘇芳基（2013）。《旅館服務技術》。揚智文化。

Chapter

14

飯店服務人員的
基本素養與禮儀

第一節　飯店服務人員的基本素養

第二節　各國旅客類型與接待禮儀

許多年輕人嚮往投入飯店業工作，其中跨國連鎖飯店更是理想志願，畢竟星級飯店環境富麗堂皇，上班能夠西裝革履衣著光鮮亮麗，又不需在外面吹風淋雨，因此也常是餐旅系學生的第一志願。然而工作並不是度假休閒，而是要為客人打造最完善的入住經驗，每一個環節都是細節與挑戰，考驗著飯店服務人員的素養與禮儀。

星級飯店著重服務人員的素養與禮儀

第一節　飯店服務人員的基本素養

　　入住飯店最希望接收到什麼樣的服務呢？應該就是「賓至如歸」的款待吧！要提供這樣「到位」且「恰到好處」的服務，除了服務熱忱及完善的在職訓練之外，還要培養服務人員的基本素養與禮儀。其中很重要的就是具有人際溝通技巧（people skills），飯店業工作時間長，工作挑

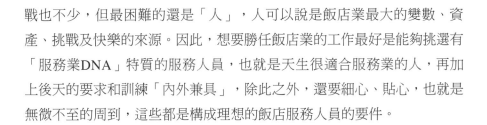

戰也不少,但最困難的還是「人」,人可以說是飯店業最大的變數、資產、挑戰及快樂的來源。因此,想要勝任飯店業的工作最好是能夠挑選有「服務業DNA」特質的服務人員,也就是天生很適合服務業的人,再加上後天的要求和訓練「內外兼具」,除此之外,還要細心、貼心,也就是無微不至的周到,這些都是構成理想的飯店服務人員的要件。

一、外型(appearance)

服務人員的儀表是門面,也是服務業考量的重要條件,清爽宜人的儀表能拉近與人的距離,而笑容則是開啟美好服務的一把金鑰匙。飯店服務人員一般在選才時大都會注意外型,因為飯店人員的形象也是「服務」的一部分,自然是馬虎不得。一般來說,外型要注意的有:

飯店人員的形象也是「服務」的一部分

(一)面容

1. 善良正派，相貌端正，避免眉宇及表情讓人心生畏懼而保持距離者。

2. 臉上不可有刺青、眉毛不可有鉤環、舌頭不可有舌環等非屬良善風俗者。

3. 要注意「面子」問題，有面皰、青春痘者需要儘早治療，保持清爽膚質。

4. 男生要定期刮鬍鬚，鼻毛修剪，眉毛雜亂也應適當修整，保持怡人面容，男生如嘴唇容易乾裂，可以準備護唇膏備用。

5. 女生應化妝，但忌諱濃妝豔抹，妝容色系搭配飯店制服，至於瞳孔放大片、假睫毛都不是飯店工作人員需要具備的，應當避免。

(二)髮型

1. 女生頭髮要梳整乾淨，女生短髮者要吹整好，避免瀏海太長，需要露出清爽的臉蛋；長髮者要盤髮，一般以丸子頭或是法式包頭最常見，髮飾要盡量簡單高雅，髮色不可過於奇特怪異惹人側目。

2. 男生頭髮要定期修剪不可過長，可採用簡單髮妝產品，每天抓髮打理適合自己的髮型，一整天都乾淨有型。

(三)服裝

1. 服裝應當定期更換清洗，維持乾淨不能有異味，衣服應當熨整維持專業。

2. 服裝應當合身，過鬆過緊都不適當，注意服裝不宜暴露，女生裙子不宜太短，以免工作時造成不便。

3. 名牌是制服的一部分，應當整齊別上，讓房客能夠辨識，是專業的象徵，也方便旅客尋求協助。

4.男生一般著深色襪子，例如藍色、黑色等，若鬆緊帶鬆垮應更換。
女生著絲襪選擇合適的顏色，一般為膚色或是搭配制服而選用黑色
等，有些低丹數的醫療彈力襪（150丹）看起來自然，對於長期站
立的工作屬性有幫助，增加血液回流避免靜脈曲張。

5.鞋子應勤擦拭保持晶亮，女生高跟鞋避免發出刺耳敲擊聲，可以拿
到鞋店請人加裝止滑墊，穿起來既舒適也較安靜。

(四)其他

1.男生指甲應常常修剪，常洗手保持手指甲乾淨。

2.女生若擦指甲油應該選自然顏色，避免奇特、引人側目也有失專
業。

3.如擦香水應適宜就好，不可過度濃烈讓人不適。

二、性格（personality traits）

(一)應具備的特性

飯店業屬服務業，服務業的人格特質是什麼呢？根據人力銀行的調
查，服務人員應該要有的特性分別為：

1.具親和力：隨時保持微笑，親切感能夠暖化陌生的距離。

2.說話有溫度：服務業如果一套台詞一路通用到底，會讓人覺得沒有
溫度沒有交集。

3.具有反省能力：每一次的顧客應對情境都不太相同，能夠記取教訓
從中求進步，或從客訴當中記取教訓，精益求精。

4.抗壓性高：服務業每天發生的狀況可能千奇百樣，有時還有時間的
急迫性，真的讓人難以招架，而且人百百種要做到面面俱到，抗壓
性一定要有。

5.細心且隨機應變：細心代表觀察力，隨機應變代表臨場反應力，都
　是服務業必備的素質。

　可以說服務業應具備有三度——速度、細度、溫度。首先是速度，服
務業常常「以一打百」，人員配置時常無法排滿到位，有時雖是淡季，但
又淡季不淡，或是離峰時間突然狀況發生，服務人員不但遇事要處理到
位，還要以最佳速度消化眼前狀況；其次是細度，處理事情如果只求速度
卻做事粗糙，恐反遭客訴讓狀況雪上加霜，因此細度很重要；而溫度能夠
帶給顧客滿意的感受，讓所提供的服務是成功且有價值的。

服務櫃檯要保持整潔隨時準備迎賓

(二)應具備的人格特質

　以五大人格特質（Big Five）來說，服務業人員應該要有其中四項人
格特質：

◆**外向性人格特質**（extraversion）
　也就是健談的、好社交的、熱情的、主動的以及人際取向等特質。

1.健談：服務業與客人應對頻繁，倘若個性過於安靜不愛說話就不太
　適合，健談的意思是面對各種議題、話題都可以談，而且可以投其
　所好的談，互動拿捏恰當知所分寸。但也要有好的觀察力，遇到喜
　歡安靜的客人要給予最多的隱私及空間，也就是要收放自如。

2.好社交的：喜歡與人來往，對於各種社交場合不拒絕排斥是基本。

3.熱情的：對人、事、物有熱情，甚至是帶點「雞婆」的個性。

4.主動的：服務業最怕「無感」，預先感受客人的需要，在客人開口
　提出之前就已經送到，代表的是「在乎」及「洞悉能力」，被動地
　給予僅是最低層級的服務，主動的因應去預先感知客人需求；而對
　團隊成員之間也應奉上主動的關懷和主動的協助。

5.人際取向：以人為出發，顧慮到顧客的感受而不是把事情做完就
　好，考慮周到處事圓融，方方面面都要周全。

◆ 開放性人格特質（openness）

　也就是好奇的、富創造力、獨創的非傳統性等人格特質。

1.好奇的：服務業最怕冷漠，對人對事對物都保持好奇，這樣的個性
　才會真正喜歡服務業這樣變化快速、與形形色色的人互動的日常。

2.富創造力：服務業需要彈性思考，不是一套劇本從頭演完這樣呆
　板，如果要提供「感動的服務」更需要用心及富有創造力。

3.獨創的非傳統性：現在的服務已盡可能擺脫死板的SOP標準流程，
　在服務應對上能夠有獨創性，超出客人的期望，思考靈活不受限的
　個性在服務業能夠有很大的發揮。

◆ 宜人性人格特質（agreeableness）

　特質包含可信賴的、溫和的、助人的、好心腸的、寬恕的和仁慈
的。宜人性人格特質是服務業的基本人格，客人交代的事情使命必達可
信賴，在團隊中也是同事可靠的左右手，此外，「雞婆」的個性熱心助

人,與同事相處仁慈敦厚,若遇客訴事件理性寬恕。

◆嚴謹性人格特質(conscientiousness)

　　具有努力的、自我要求的、有組織的、負責的、堅忍的特質。服務人員常常自嘲為「現代阿信」,要有百忍不撓的個性,畢竟只要與「人」相關的事情就不是簡單用一個「理」字能處理周全,因此有堅忍不拔的能力,做事問心無愧。此外,好的服務團隊是有組織、有紀律的,團隊的成員在各自崗位負責任才能把每一個環節的事情做好做到位。

服務人員需具備細心盡責的特質

三、語言能力(language ability)

　　語言能力是飯店服務人員的基本要求,不只是各國外語的能力,還應包含國語及方言能力,甚至是手語。畢竟與人接觸的工具就是語言,飯店形形色色入住的客人,每一位都應當受到「關照」,最直接的溝通方式便是語言。語言的基本能力是「溝通」,也就是「在對的時間說對的話」,而且是讓人聽起來舒服悅耳的話,此外,還要給人「有質感」,畢

竟客人對於五星級飯店的期待是整體性的，除了硬體之外，服務人員應該也是五星級水準。

(一)對的時間說對的話

說話時考量三點：

◆傳達正確的訊息內容

傳達正確的訊息內容需思考人、事、時、地、物，這需要較強的邏輯思維，如何第一時間就正確精準的傳達「重點」訊息，也就是不拖泥帶水講重點，同時將5W1H（What, When , Who, Why, Where, How）正確放送出去。接下來，更進階一點的做法是事先預期對方可能會錯的部分，在對話最後重複提醒對方，類似「畫重點」的概念，例如：提醒您時間是「下午兩點」，地點在「大廳櫃檯前集合」。

◆傳達適切的感情關切

傳達適切的感情關切的重點在於「去感受別人所感受的」，例如當你觀察到這個家庭祖孫同堂，可以感受到他們和樂融融的氛圍，在一邊服務的時候很自然的誇讚老人家很幸福，這樣祖孫快樂出遊的畫面很令人羨慕；另一方面，如果看到客人因為錯過班機很沮喪無助，可以去感受他的沮喪與無助，試著幫他聯繫可能的方式，盡可能幫助他解決問題，感受他所感受的苦。

◆此次開口說話的目的

既然開口說話應該有正面的目的，而不是去造成負面的影響，否則就不如不說。例如在處理客訴的時候，每次的來回交談溝通都必須是為了解決問題而開口，記住開口說話的目的是什麼，是解決問題？是處理情緒？還是為公司處理危機？不能在對話中迷失了方向被情緒帶著走。

(二)說話有質感

說話的質感指的是說國語要字正腔圓，說台語／客語／原住民語等地方方言要有「人親土親」的親和力，拉近距離。說話的質感是讓人瞭解你有深厚的專業與底蘊，這需要日積月累的堆疊，包含每日瞭解世界國際局勢、多閱讀排行榜熱門書、瞭解現在最夯話題、瞭解各地旅遊景點方便隨時推薦等，更要瞭解自己工作相關的專業，這就是飯店服務人員自我的修練和內涵。

(三)五星級的對話

五星級的對話指的是對應上的禮儀與說話的修詞。服務業不能說純然的「白話文」，也就是未經修飾的應對語言，注意用字遣詞都用調整過的所謂「服務業的應對語言」，這個部分需要靠訓練。但也不能像機器人一樣老是重複說這些禮貌上的對話，不知道變通反而讓人感覺是服務業「語言癌」的反感。例如一直說「很抱歉」但沒有後續的應對措施，感覺是為了說而說，那真的是反效果。

四、人際溝通能力

人際溝通的能力，也就是一種社會化能力的體現，這種能力在服務業尤其重要。人際溝通的能力需要有強大的察言觀色能力，要有洞悉的能力，可以感知別人的需求並回應。人際溝通的能力不能直接套用，需要有對的人格特質，然後還需要去厚植「強大內在」，最後才是練習應對技巧。

(一)釐清自己的角色

建立服務業的基本素養，第一步便是向內理解自己，釐清自己在工作崗位上扮演什麼角色？有許多人一開始以為服務業光鮮亮麗，就是跟人

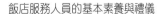

說說話聊聊天，等工作一陣子之後便感覺服務業都是「以客為尊，顧客最大」，在幾次與客戶互動不佳遭到客訴之後，便感覺自我壓抑貶低，覺得服務業卑下甚至是低賤的工作，這都是因為不清楚自己在服務業所扮演的角色。

◆ 建立正確的心態

服務業並非去當婢女侍從，釐清自己的角色建立正確的心態很重要，因為只要認真用心，所有的工作都是值得被尊重的，端看自己如何看待這份工作，如何去演繹。飯店服務人員應該建立的正確心態有二：

1.以自己的專業在崗位上協助顧客有更美好的入住經驗。
2.善盡自己能力及經驗去協助團隊成員完成每一個環節。

因此飯店服務人員的價值不是建立在顧客對你的讚美或貶抑，而是自己是否以這兩個正確心態去完成該做的工作，成就感的來源也應該來自這兩個心態上。

建立正確的心態，以專業協助顧客有美好的入住體驗

◆創造自己的價值

　　服務業是很奇妙的，當你理解自己是「給予」的角色之後，便會樂於給予，並且會驚訝地發現，只要你有健康的心態，服務業的給予是可以源源不絕的，你的服務不會因為給了A就用完而沒辦法給B。當然，每個人的時間有限精力有限，所以不需要將精力做情緒的消耗，而是要思考如何創造自己的價值，用心在顧客服務上，創造每個與顧客交會的當下，給出你最誠摯的歡迎、最好的服務、最美的笑容，用心去感受顧客所需，給顧客「感動的服務」。

(二)服務業的人際溝通技巧

　　飯店服務業的工作是要創造三贏，也就是對顧客、員工自己、飯店品牌，都是成功愉快的經驗。這取決於心態的建立，首先員工必須先認同自己服務的品牌，熱愛這個品牌並引以為傲，意思就是為自己所愛的企業工作，認同之後去推廣發揚飯店的價值和理念，也就是每一位員工都是飯店的品牌大使。而顧客應該有兩個部分，第一是外部顧客，也就是飯店的所有客人，包含潛在客戶；第二是內部顧客，也就是上司、下屬，部門內的同仁、跨部門的同事等。而人際溝通技巧，首要技巧是避免服務失誤，其次才是應對客訴的技巧。

◆避免服務失誤

1. 日日是好日：保持好的體力和愉快的精神，每天提早幾分鐘到工作崗位上，熟記今日的工作流程、重要客戶名單，過程會與內部哪些同仁有關提早去照會，盡可能將各種狀況「預演」一遍，這樣就能將突發狀況降低，日日是好日。
2. 處處是資源：平常與飯店各部門同仁保持良好關係，以對待外部顧客的心情善待彼此，理解不同部門工作的辛苦與不易，如何在工作上做到團隊合作彼此互助，剛入行較資淺的人虛心去向資深的員工

保持好的體力和愉快的精神，避免服務失誤

請益，並給予充分尊重，那麼在關鍵時刻就處處是資源。

◆ 應對客訴技巧

1. 避免上鉤保持內心穩定：做好情緒控管避免與顧客起衝突，當顧客對服務不滿意時，大多數的原因是對飯店、對品牌或是對團隊感到不滿意，並不是針對你這個 人，可能的狀況如客人久候難耐，可能是因為當天滿客或是飯店人手不足造成，或是客人對菜色失望、對飯店房間硬體狀況不滿意等，都非個人因素，避免自己像魚餌上鉤（Don't get hooked）陷入這個情境，以個人情緒去回應，就變成個人的問題了。

2. 不亂回嘴避免兩敗俱傷：客人對服務不滿意只是服務缺失（service failure），保持好自己的專業修煉不上鉤不回嘴，一旦加上情緒性的回應恐造成不可收拾的後果（catastrophe），這是最不聰明的服務人員，不但可能影響工作，甚至可能被告、被罰款。

3. 試著理解找尋可行方案，做法是：

(1)試著理解：不僅僅是對或錯，還要理解對方情感的缺口，或許是面子問題，或許是內在信仰的問題，經常衝突爭執的不會只是表面的對或錯。

(2)轉換心情，包含：

- 轉換空間：例如將發怒的客人請到貴賓室，避免事端影響其他客人，在貴賓室安靜輕鬆的空間也有助於轉換心情，讓雙方冷靜。

- 轉換對象：有時只是單純跟這位服務生「不對盤」，換個人處理就解決；或是客人單純希望反應給上層管理人瞭解，此時換成值班經理（duty manager）客人就感覺得到理解。此外，轉換對象時客人必須重複當時狀況，重複敘述的過程也有助於讓人情緒緩解。

(3)找尋可行方案：

- 客製化的補償方式：依照客人感受損失的地方做補償，有些客人只是單純想要被理解，有些希望得到誠懇的道歉，有些則要求實質的補償等，依照客人感受的需求去對應。

- 合理化的補償方案：比照業界做法或公司現行政策，補償包含心理上和物質上兩種，應該面面俱到，處理態度也應當誠懇、即時，客人堅持的要求應該代為詢問或向上呈報，不應該敷衍了事直接回絕，向上呈報後雖仍不可行，誠懇回報並努力地與客人討論其他替代方案。

- 事後的處置及追蹤：給予補償後不應該就此完結，應以最恭敬的心去應對這位情感受傷的客人，讓他在飯店剩餘的時間內感受最佳的服務，絕不可再出錯，等客人退房離開之後也應該以寄信的方式，感謝客人給予飯店機會學習。

所有的客訴事件對外應專注在解決服務缺口，對內應該檢討並加強教育訓練，教育訓練不僅僅是工作的專業，還應包括提升心理素質的課

程，同時檢討過去，繼往開來，在未來避免犯同樣的錯誤。

五、宏觀的國際視野

無論是哪一種飯店類型，從民宿到星級國際飯店，飯店服務人員都有機會接觸到不同國家的旅客，因此培養宏觀的國際視野是飯店人員的基本素養，飯店服務人員平時工作忙，待在工作崗位的時間也很長，如何培養宏觀的國際視野呢？

(一)提升語言能力

飯店服務人員最大的優勢就是有很多「說話的機會」，善用這種絕佳優勢提升語言能力。

◆本國語言／地方方言

語言能力不見得只針對外語，也可以把地方方言好好練習，平時說話可以針對場合加入這個方言的成語、諺語、佳句等，「出口成章」一定能讓人刮目相看，久而久之就會變成你的特色。

◆外國語言

按照自己想要學習的語言，多增取服務這個國家旅客的機會，預先將日常會話反覆練習好，再用學習好的外語跟外國旅客對話，這樣不但讓外國旅客感受到你的努力，也讓部門主管看到你不斷的進步。倘若尚未有合適的機會也沒關係，可以先用耳朵多聽，去模仿學習如何說，如何正確發音，回家多練習，等有一天機會來了就可以派上用場。

(二)多旅行吸收新知

假日多出去旅行到處走走，平時讀萬卷書假日走萬里路，出國可以增廣見聞體驗異國文化，也能夠讓自己更理解住宿國外飯店的困難和希望

培養宏觀的國際視野是飯店人員的基本素養

得到的幫助,回來工作崗位上能夠更有同理心。若假期太短也可以做本國旅遊,思考一下如何將台灣在地之美介紹給外國旅客。

(三)廣泛接觸國際事務

從報章媒體雜誌多去接觸國際的訊息,多留意所服務的旅客習性,例如常接待歐美旅客的部門應多注意歐美國際局勢或是熱門運動的消息和戰況,而專門接待東南亞旅客的人,則應該多認識該國流行的訊息和廣泛被討論的議題,這樣可以當作話題跟他們多交流,透過交流從而學習更多第一手的國際新知。

(四)就地取材每天學習

飯店業是很貼近國際脈動的一個行業,飯店常常有大型國際會議進行,也經常辦理政商名流社交互動的場合,只要用心處處都是學習的教材,飯店各項設施的各國語言說明也是國際化很好入手的現成資料。

(五)多爭取學習的機會

不管是在職訓練，或是工作之餘的自我充電，無論是自學或是到機構去上課，或甚至回學校拿學分拿學位，都可以將所學運用在工作上從而與外國旅客更廣泛更多元的交流。

第二節　各國旅客類型與接待禮儀

飯店服務人員禮儀有哪些呢？除了自身的素養之外，在工作崗位上需特別留意自身角色及應有的禮儀。我們常常說服務的工作像是「舞台」，別忘了你是舞台上的主角，只要還在工作場域中，你的一言一行都被高度關注著。在與各國旅客應對時，飯店服務人員需注意：

一、注意自己當下的身分

許多飯店人員工作時間很長，早已習慣把工作場域當作自己的家，這樣「以工作為重」、「以飯店為家」把心安放在工作上固然是好事，但往往容易輕忽，忘了轉換自己的身分，公私不分，忘了顧及身邊有其他賓客，這是非常不專業的表現。

1.上班中注意一切言行舉止：飯店服務人員須注意當下自己是誰，只要你仍穿著制服，你的一言一行就代表飯店而非個人。
  (1)避免穿著制服在公共空間休息：其他人並不知道你的工作狀態，只會覺得這位服務人員很隨便不得體。
  (2)避免穿著制服與人長時間聊天：旁觀的客人或其他部門的同事，會以為你正在工作卻花長時間與人聊天，工作不認真或瀆職。
2.下班後不影響同仁工作：下班後換掉制服就應當立即離開工作崗

位，不應穿著便服與同事在公共空間抬槓，也不應該出現在工作場
合，例如飯店櫃檯或是廚房內場，這些既干擾正在工作的同仁，對
於顧客來說也會疑惑，這樣是沒有制度沒有規矩不專業的表現。

3.上班中如有私事或有訪客應當呈報主管，將訪客帶到員工休息區，
儘快處理，有些男員工制服與一般西服襯衫無異，若在公共空間可
考慮將名牌拿下，作為已非公務時間之識別，不管如何公私分清
楚，維持好形象。

二、注意個人言論適切性

前面提過飯店服務人員說話注意要點，這邊討論的是服務人員應
留意自身的言論，對象不管是針對團隊成員還是對飯店賓客都應特別留
意。

1.在工作場域中，上司不在客人面前斥責團隊成員，這無助於當時忙
亂的狀況，只會讓人覺得這位上司無能，才會將團隊帶得一團亂；
團隊成員更不應該在工作進行中互相指責，這只會影響團隊士氣，
讓情況雪上加霜。

2.不管是在工作執勤或已經下班休息，避免在工作場域批評客人不
是，注意隔牆有耳，如果讓這位當事人聽到，或是其他客人聽到，
都有很負面的影響，讓人覺得你們工作上常道人長短論人是非。

3.不在公共區域討論社交禁忌話題，例如國籍、種族、宗教等話題，
除了不應該與飯店客人談論此類話題，也應避免同事間在公共空間
討論，注意觀感問題，因為你的言論有時會讓人誤以為是公司的立
場。

三、不同類型旅客投其所好

各國旅客在應對接待上有些異同，如果夠用心就能讓旅客有「賓至如歸」的感受，依據不同國家旅客的習性和偏好，投其所好去做接待，相信一定會得到這個國家旅客的肯定，成為該國旅客來台入住的首選。以下試列舉幾個國家旅客類型及服務人員的接待禮儀：

(一)美國

美國人熱情友善、崇尚自由，很多人喜好戶外運動，旅行時喜歡舒適的穿著，入住較常使用健身房、游泳池等設施。在社交上面覺得與人打招呼是應有的禮貌，多數人很願意開口聊天。飯店服務人員在應對上，可以爽朗的與他們打招呼，問候入住的經驗是否愉快，聊一聊（small talk）來台的行程目的，並預祝他們有美好的在台經驗。在肢體動作上可以採開放型（open-body gesture），不一定需要很東方式的行禮如儀畢恭畢敬，可以用最陽光的笑容去迎接，以最開懷的心情去接待他們。

(二)英國

英國人的社會傳統有階層之分，現在界線或已慢慢式微，但英國人仍比較注重禮數，也很習慣被有禮貌的對待，在服務對應上務必要Sir、Madam來稱呼，在對話上的用字遣詞都要更細緻講究，應對時送上客氣的問候祝福即可，除非對方主動對話，有時並不適合很主動的進一步交談。

(三)日本

日本客人大都客氣有禮，生活日常都伴隨著鞠躬和客氣用語，日本客人通常屬於自我要求的類型，飯店服務人員不可因為日本客人大多安靜內斂就疏忽他們的感受，在應對上也一定要多留意禮貌，對日本客人送

往迎來時，肢體動作要注意絕不可大喇喇，會讓日本客人覺得很粗糙不禮貌，最好的方式也是行禮如儀，多用肢體動作表達敬意，如果以日本高級旅館的服務規格來衡量，就更容易瞭解日本客人滿意的服務模式。

(四)東南亞

東南亞客人大都很隨和，包含泰國、越南、印尼、馬來西亞等，可以注意他們的飲食習慣和宗教信仰，例如穆斯林需要禱告，公共空間可能需要準備禱告室，此外，穆斯林忌諱用左手拿東西給他們，代表不禮貌。馬來西亞人不要用食指去指點他們代表不吉利，其他如泰國人非常重視頭部，注意不要觸摸泰國人的頭部，特別是和尚僧侶等。

(五)新加坡

新加坡非常友善但也深知自己的權益，對於新加坡人要如同對待歐美客人一樣禮遇，新加坡的官方語言是英語，他們大多數精通英語，但許多新加坡人也懂華語，因此可以說華語讓他們有親切的感覺，但不一定所有新加坡華人都讀懂中文，正式通知和文件還是使用英文較佳。

(六)中國

中國客人來到台灣大都很輕鬆自在，不但語言可以溝通，簡體字繁體字也大都可以猜測辨識，中國客人豪爽且好面子，在應對上只要保持客氣尊重大都不困難，但有關政治議題則應該避免，如果對方提及不需要特別回應，更不可以爭執，記住社交應對，所有政治性的話題都應當避免，可以多談風土民情或好吃好玩的土產和景點，這些話題都是他們感興趣的，自然就能化解不恰當話題的尷尬。

以上所列舉的類型並不代表該國所有的旅客，畢竟個性喜好人人不同，總而言之，歐美人對於自己的權利大都清楚，也會發聲主動爭取，因此按照飯店規定提供水準之上的服務，不至於會犯錯；而東方人有時

比較內斂客氣，也許不會在第一時間爭取，但不代表就可以忽視他們的感受，服務人員應當更用心去體會，多費心去理解應對。提供優質的服務，飯店服務人員需要打開全部的「天線」去感受，從該國的文化差別去理解去對應，必能得心應手照顧好來自不同國家的旅客，讓自己成為一個盡可能面面俱到的優秀的飯店服務人員。相信此時的你也會得到顧客溫暖的回應，也才能真正在工作上樂在其中，享受服務業的樂趣。

 課堂活動設計

1. 同學試著分享入住飯店的經驗，感受到的最佳服務經驗有哪些？最糟糕的服務經驗又是為什麼？
2. 你覺得顧客是否永遠是對的？如果碰到奧客該如何處理？自己是否也當過奧客呢？
3. 討論自己是否喜歡服務業，個性是否適合服務業？為什麼？

餐飲旅館系列

國際禮儀
——空姐教你如何塑造觀光餐旅的專業形象

作　　者／彭瑞芝
出 版 者／揚智文化事業股份有限公司
發 行 人／葉忠賢
總 編 輯／閻富萍
特約執編／鄭美珠
地　　址／22204 新北市深坑區北深路三段 258 號 8 樓
電　　話／(02)8662-6826
傳　　真／(02)2664-7633
網　　址／http://www.ycrc.com.tw
 E-mail ／ service@ycrc.com.tw
 I S B N ／ 978-986-298-403-1
初版一刷／2022 年 7 月
定　　價／新台幣 400 元

國家圖書館出版品預行編目（CIP）資料

國際禮儀：空姐教你如何塑造觀光餐旅的專
業形象 = International etiquette : Flight
Attendant Leads You to Form a Professional
Image of Hospitality Personnel / 彭瑞芝著.
-- 初版. -- 新北市：揚智文化事業股份有
限公司, 2022.07
　面；　公分（餐飲旅館系列）

ISBN 978-986-298-403-1（平裝）

1.CST: 國際禮儀

530　　　　　　　　　　　　　　　111010142

Notes

Notes

Notes

Notes